LETTRE

A M. DACIER,

SECRÉTAIRE PERPÉTUEL DE L'ACADÉMIE ROYALE
DES INSCRIPTIONS ET BELLES-LETTRES,

RELATIVE A L'ALPHABET

DES HIÉROGLYPHES PHONÉTIQUES

EMPLOYÉS PAR LES ÉGYPTIENS POUR INSCRIRE SUR LEURS MONUMENTS LES TITRES, LES NOMS ET LES SURNOMS DES SOUVERAINS GRECS ET ROMAINS;

PAR M. CHAMPOLLION LE JEUNE.

A PARIS,
CHEZ FIRMIN DIDOT PÈRE ET FILS,
LIBRAIRES, RUE JACOB, N° 24.

M. DCCC. XXII.

(3)

LETTRE A M. DACIER

RELATIVE A L'ALPHABET

DES HIÉROGLYPHES PHONÉTIQUES.

MONSIEUR,

JE dois aux bontés dont vous m'honorez l'indulgent intérêt que l'Académie royale des Inscriptions et Belles-Lettres a bien voulu accorder à mes travaux sur les écritures égyptiennes, en me permettant de lui soumettre mes deux mémoires sur l'écriture *hiératique* ou sacerdotale, et sur l'écriture *démotique* ou populaire; j'oserai enfin, après cette épreuve si flatteuse pour moi, espérer d'avoir réussi à démontrer que ces deux espèces d'écriture sont, l'une et l'autre, non pas alphabétiques, ainsi qu'on l'avait pensé si généralement, mais *idéographiques*, comme les hiéroglyphes mêmes, c'est-à-dire peignant les *idées* et non les *sons* d'une langue; et croire être parvenu, après dix années de recherches assidues, à réunir des données presque complètes sur la théorie générale de ces deux espèces d'écriture, sur l'origine, la nature, la forme et le nombre de leurs signes, les règles de leurs combinaisons au moyen de ceux de ces signes qui remplissent des fonctions purement logiques ou grammaticales, et avoir ainsi jeté les premiers fondements de ce qu'on pourrait appeler la *grammaire* et le *dictionnaire* de ces deux écritures employées dans le grand nombre de monuments dont l'interprétation répandra tant de lumière sur l'histoire générale de l'Egypte. A l'égard de l'écriture *démotique* en particulier, il a suffi de la précieuse inscription de Rosette pour en reconnaître l'ensemble; la critique est redevable d'abord aux lumières de votre illustre confrère M. Silvestre de Sacy, et successivement à celles de feu Akerblad et de M. le docteur Young, des premières notions exactes qu'on a tirées de ce monument, et c'est de cette même inscription que j'ai déduit la série des signes démotiques qui, prenant une valeur syllabico-alphabétique, exprimaient dans les textes *idéographiques* les noms propres des personnages étrangers à l'Égypte. C'est ainsi encore que le nom des Ptolémées a été retrouvé et sur cette même inscription et sur un manuscrit en papyrus récemment apporté d'Égypte.

Il ne me reste donc plus, pour compléter mon travail sur les trois espèces d'écritures égyptiennes, qu'à produire mon mémoire sur les *hiéroglyphes* purs. J'ose espérer que mes nouveaux efforts obtiendront aussi un accueil favorable de votre célèbre compagnie, dont la bienveillance a été pour moi un si précieux encouragement.

Mais dans l'état actuel des études égyptiennes, lorsque de toutes parts les monuments affluent et sont recueillis par les souverains comme par les amateurs, lorsqu'aussi, et à leur sujet, les savants de tous les pays s'empressent de se livrer à de laborieuses recherches, et s'efforcent de pénétrer intimement dans la connaissance de ces monuments écrits qui doivent servir à expliquer tous les autres, je ne crois pas devoir remettre à un autre temps d'offrir à ces savants et sous vos honorables auspices, une courte mais importante série de faits nouveaux, qui appartient naturellement à mon Mémoire sur l'écriture *hiéroglyphique*, et qui leur épargnera sans doute la peine que j'ai prise pour l'établir, peut-être aussi de graves erreurs sur les époques diverses de l'histoire des arts et de l'administration générale de l'Égypte: car il s'agit de la série des *hiéroglyphes* qui, faisant exception à la nature générale des signes de cette écriture, étaient doués de la faculté d'*exprimer les sons* des mots, et ont servi à inscrire sur les monuments publics de l'Égypte, les *titres*, les *noms* et les *surnoms des souverains grecs ou romains* qui la gouvernèrent successivement. Bien des certitudes pour l'histoire de cette contrée célèbre doivent naître de ce nouveau résultat de mes recherches, auquel j'ai été conduit très-naturellement.

L'interprétation du texte *démotique* de l'Inscription de Rosette par le moyen du texte grec qui l'accompagne, m'avait fait reconnaître que les Égyptiens se servaient d'un certain nombre de caractères *démotiques* auxquels ils avaient attribué la faculté d'exprimer des sons, pour introduire dans leurs textes idéographiques les *noms propres* et les *mots étrangers à la langue égyptienne*. On sent facilement l'indispensable nécessité d'une telle institution dans un système d'écriture idéographique. Les Chinois, qui se servent également d'une écriture idéographique, emploient aussi un procédé tout-à-fait semblable et créé pour le même motif.

Le monument de Rosette nous présente l'application de ce système auxiliaire d'écriture que nous avons appelé *phonétique*, c'est-à-dire exprimant les sons, dans les noms propres des rois *Alexandre*, *Ptolémée*, des reines *Arsinoé*, *Bérénice*, dans les noms propres de six autres personnages, *Aétès*, *Pyrrha*, *Philinus*, *Aréia*, *Diogène*, *Irène*, dans le mot grec ΣΥΝΤΑΞΙΣ et dans ΟΥΗΝΝ (1).

Un manuscrit sur papyrus, en écriture démotique, récemment acquis pour le cabinet du roi, nous a donné aussi les noms *Alexandre*, *Ptolémée*, *Bérénice* et *Arsinoé*, semblables à ceux du monument de Rosette, de plus les noms phonétiques du roi *Eupator* et de la reine *Cléopâtre*, et ceux de trois personnages grecs, *Apollonius*, *Antiochus* et *Antigone* (2).

---

(1) Voyez ma Planche I, n° 1 à 12, et l'explication des planches.

(2) V. ma pl. I, n° 13 à 21. Ce manuscrit *démotique* est du nombre des papyrus en diverses langues que la bibliothèque du Roi vient d'acheter de M. Cazati, et sur lesquels M. St-Martin a donné, dans le *Journal des Savants* du mois de septembre, une intéressante notice. D'après ma traduction du protocole de ce contrat démotique, c'est un acte public du règne d'Évergète II, et dans lequel sont nommées trois Cléopâtres, *Cléopâtre sa sœur et sa femme*, *Cléopâtre*

Vous avez sans doute remarqué, Monsieur, dans mon Mémoire sur l'écriture démotique égyptienne, que ces noms étrangers étaient exprimés phonétiquement au moyen de signes plutôt *syllabiques* qu'*alphabétiques*. La valeur de chaque caractère est reconnue et invariablement fixée par la comparaison de ces divers noms; et de tous ces rapprochements est résulté l'alphabet ou plutôt le syllabaire *démotique* figuré sur ma planche I, colonne deuxième.

L'emploi de ces caractères phonétiques une fois constaté dans l'écriture *démotique*, je devais naturellement en conclure que puisque les signes de cette écriture populaire étaient, ainsi que je l'ai exposé, empruntés de l'écriture *hiératique* ou sacerdotale, et puisque encore les signes de cette écriture *hiératique* ne sont, comme on l'a reconnu par mes divers mémoires, qu'une représentation abrégée, une véritable *tachygraphie* des *hiéroglyphes*, cette troisième espèce d'écriture, l'*hiéroglyphique* pure, devait avoir aussi un certain nombre de ses signes doués de la faculté d'exprimer les sons; en un mot, qu'il existait également une série d'*hiéroglyphes phonétiques*. Pour s'assurer de la vérité de cet aperçu, pour reconnaître l'existence et discerner même la valeur de quelques-uns des signes de cette

---

fille du roi (Philométor) et *Cléopâtre sa mère*. M. Raoul-Rochette se propose de publier ce manuscrit égyptien avec quelques autres papyrus du cabinet du Roi. Ce savant fera un véritable présent à l'archéologie égyptienne.

espèce, il aurait suffi d'avoir sous les yeux, écrits en *hiéroglyphes* purs, deux noms propres de rois grecs préalablement connus, et contenant plusieurs lettres employées à la fois dans l'un et dans l'autre, tels que *Ptolémée* et *Cléopâtre*, *Alexandre* et *Bérénice*, etc.

Le texte hiéroglyphique de l'inscription de Rosette, qui se serait prêté si heureusement à cette recherche, ne présentait, à cause de ses fractures, que le seul nom de *Ptolémée*.

L'obélisque trouvé dans l'île de Philæ, et récemment transporté à Londres, contient aussi le nom hiéroglyphique d'un Ptolémée (voy. ma planche I, n° 23), conçu dans les mêmes signes que dans l'Inscription de Rosette, également renfermé dans un cartouche (1), et il est suivi d'un second cartouche qui doit contenir nécessairement le nom propre d'une femme, d'une reine Lagide, puisque ce cartouche est terminé par les signes hiéroglyphiques du genre féminin, signes qui terminent aussi les noms propres hiéroglyphiques de toutes les déesses égyptiennes sans exception (2). L'obélisque était *lié*, dit-on, à un socle portant une inscription grecque qui est une supplique des prêtres d'Isis à Philæ, adressée au roi Ptolémée, à Cléopâtre sa sœur, et à Cléopâtre sa femme (3). Si cet obélisque et l'inscription hié-

---

(1) Voy. mes *Observations sur l'obélisque égyptien de l'île de Philæ*, dans la Revue encyclopédique, cahier de mars 1822; et le cartouche de l'inscription de Rosette, à la suite de ce mémoire pl. I, n° 22.

(2) Voyez ma planche I, n° 21.

(3) On doit à M. Letronne une savante explication de cette inscrip-

roglyphique qu'il porte étaient une conséquence de la supplique des prêtres qui, en effet, y parlent de la consécration d'un monument analogue, le cartouche du nom féminin ne pouvait être nécessairement que celui d'une Cléopâtre. Ce nom et celui de Ptolémée qui, dans le grec, ont quelques lettres semblables, devaient servir à un rapprochement comparatif des signes hiéroglyphiques composant l'un et l'autre; et si les signes semblables dans ces deux noms exprimaient dans l'un et l'autre cartouche *les mêmes sons*, ils devaient constater leur nature *entièrement phonétique.*

Une comparaison préliminaire nous avait aussi fait reconnaître que, dans l'écriture démotique, ces deux mêmes noms écrits phonétiquement employaient plusieurs caractères tout-à-fait semblables (1). L'analogie des trois écritures égyptiennes dans leur marche générale, devait nous faire espérer la même rencontre et les mêmes rapports dans ces mêmes noms écrits *hiéroglyphiquement* : c'est ce qu'a aussitôt confirmé la simple comparaison du cartouche hiéroglyphique renfermant

---

tion grecque, et publiée sous ce titre : *Éclaircissements sur une inscription grecque, contenant une pétition des prêtres d'Isis, dans l'île de Philæ, à Ptolémée Évergète second, copiée à Philæ, par M. Cailliaud, en octobre* 1816 ; lus à l'Académie royale des Inscriptions et Belles-Lettres. Paris, imprimerie royale, 1822, in-8°. A l'égard des deux reines *Cléopâtre* nommées à la fois dans l'Inscription, voyez, d'après la citation de M. Letronne, les *Annales des Lagides*, par M. Champollion-Figeac, tome II, page 168.

(1) Voyez planche I, n° 2 ou 14 et 17.

le nom de Ptolémée (1) avec celui de l'obélisque de Philæ, que nous considérions, d'après l'inscription grecque, comme contenant le nom de Cléopâtre (2).

Le premier signe du nom de *Cléopâtre* qui figure une espèce de *quart de cercle*, et qui représenterait le K, ne devait point se trouver dans le nom de Ptolémée : il n'y est point en effet.

Le second, un *lion en repos* qui doit représenter le Λ est tout-à-fait semblable au quatrième signe du nom de Ptolémée, qui est est aussi un Λ (Πτολ).

Le troisième signe du nom de Cléopâtre est une *plume* ou *feuille* qui représenterait la voyelle brève E; l'on voit aussi à la fin du nom de Ptolémée deux *feuilles* semblables qui ne peuvent y avoir, vu leur position, que la valeur de la diphtongue AI, de AIOΣ.

Le quatrième caractère du cartouche hiéroglyphique de Cléopâtre, représentant une espèce de *fleur avec sa tige recourbée*, répondrait à l'O du nom grec de cette reine. Il est en effet le troisième caractère du nom de Ptolémée (Πτο).

Le cinquième signe du nom de Cléopâtre, qui a la forme d'un parallélogramme et qui doit représenter le Π, est de même le premier signe du nom hiéroglyphique de Ptolémée.

Le sixième signe répondant à la voyelle A de ΚΛΕΟΠΑΤΡΑ est un *épervier*, et ne se voit pas dans le nom de Ptolémée, ce qui doit être en effet.

---

(1) Voyez ma planche I, n° 22.

(2) Voyez ma planche I, n° 24.

Le septième caractère est une *main ouverte*, représentant le T; mais cette main ne se retrouve pas dans le mot Ptolémée, où la seconde lettre, le T, est exprimée par un *segment de sphère*, qui néanmoins est aussi un T; car on verra plus bas pourquoi ces deux signes hiéroglyphiques sont homophones.

Le huitième signe de ΚΛΕΟΠΑΤΡΑ, qui est une *bouche* vue de face, et qui serait le P, ne se trouve pas dans le cartouche de Ptolémée, et ne doit point y être non plus.

Enfin, le neuvième et dernier signe du nom de la reine, qui doit être la voyelle A, est en effet *l'épervier* que nous avons déja vu représenter cette voyelle dans la troisième syllabe du même nom. Ce nom propre est terminé par les deux signes hiéroglyphiques du genre féminin; celui de Ptolémée l'est par un autre signe qui consiste en un trait recourbé, et qui équivaut au Σ grec, comme nous le verrons bientôt.

Les signes réunis de ces deux cartouches analysés phonétiquement, nous donnaient donc déja douze signes répondant à onze consonnes et voyelles ou diphtongues de l'alphabet grec : Α, ΑΙ, Ε, Κ, Λ, Μ, Ο, Π, Ρ, Σ, Τ.

La valeur phonétique déja très-probable de ces douze signes deviendra incontestable, si, en appliquant ces valeurs à d'autres cartouches ou petits tableaux circonscrits, contenant des noms propres et tirés des monuments égyptiens hiéroglyphiques, on en fait sans effort une lecture régulière, produisant des noms propres de souverains, étrangers à la langue égyptienne.

Parmi les cartouches recueillis sur les divers édifices de Karnac à Thèbes, et publiés dans la *Description de l'Égypte* (A., t. III, pl. 38), j'ai remarqué un de ces cartouches numéroté 13 (1), composé de signes déja connus pour la plupart d'après l'analyse précédente, et qui se trouvent dans l'ordre suivant : l'*épervier*, A ; le *lion en repos*, Λ ; un *grand vase à anneau*, encore inconnu ; le *trait recourbé*, Σ ; la *plume seule*, E ou toute autre voyelle brève ; le signe vulgairement nommé *signe de l'eau*, inconnu ; la *main ouverte*, T ; la *bouche de face*, P ; deux *sceptres horizontaux affrontés*, encore inconnu. Ces lettres réunies donnent ΑΛ.ΣΕ.ΤΡ. ; et en assignant *au vase à anneau* la valeur du K, à l'hiéroglyphe de l'eau la valeur du N, et au signe final la valeur du Σ, on a le mot ΑΛΚΣΕΝΤΡΣ, qui est écrit ainsi, lettre pour lettre, en écriture démotique, dans l'inscription de Rosette et dans le papyrus du cabinet du roi, à la place du nom grec ΑΛΕΞΑΝΔΡΟΣ (2).

Ce nouveau nom nous donne ainsi trois caractères phonétiques de plus, répondant aux lettres grecques K, N et Σ.

Il est facile de justifier la valeur que nous leur assignons.

Le vase à anneau est une nouvelle forme du K, déja désigné dans le nom ΚΛΕΟΠΑΤΡΑ, par un quart de cercle. On a déja vu aussi que la lettre T était également représentée par deux signes différents ; mais l'on

(1) V. ma Planche I, n° 25. (2) Idem, n° 1 et n° 13.

ne devra pas s'étonner de cette synonymie et de cette multiplicité de signes pour exprimer le même son, chez un peuple dont l'écriture est essentiellemeut idéographique.

On ne peut point, en effet, considérer l'écriture *phonétique* des Égyptiens, soit *hiéroglyphique*, soit *démotique*, comme un système aussi fixe et aussi invariable que nos alphabets. Les Égyptiens étaient habitués à représenter directement leurs idées; l'expression des sons n'était, dans leur écriture idéographique, qu'un moyen auxiliaire; et lorsque l'occasion de s'en servir se présenta plus fréquemment, ils songèrent bien à étendre leurs moyens d'exprimer les sons, mais ne renoncèrent point pour cela à leurs écritures idéographiques, consacrées par la religion et par leur usage continu pendant un grand nombre de siècles. Ils procédèrent alors, comme l'ont fait dans des conjonctures absolument pareilles les Chinois, qui, pour écrire un mot étranger à leur langue, ont tout simplement adopté les signes idéographiques dont la prononciation leur paraît offrir le plus d'analogie avec chaque syllabe ou élément du mot étranger qu'il s'agit de transcrire. On conçoit donc que les Égyptiens voulant exprimer soit une voyelle, soit une consonne, soit une syllabe d'un mot étranger, se soient servis d'un signe hiéroglyphique *exprimant* ou *représentant* un objet quelconque dont le nom, en langue parlée, contenait ou dans son entier, ou dans sa première partie, le son de la voyelle, de la consonne ou de la syllabe qu'il s'agissait d'écrire.

C'est ainsi que parmi les hiéroglyphes phonétiques dont le son est déja reconnu, l'*épervier*, qui exprimait la *vie*, l'*ame*, ⲁϩⲉ, ⲁϩⲓ, *ahé*, *ahi*, ou tout autre *oiseau* en général, en égyptien ϩⲁⲗⲏⲧ *halêt*, est probablement devenu le signe du son A; que l'hiéroglyphe dit *signe de l'eau*, qui, dans les textes idéographiques, représente certainement la préposition égyptienne ⲛ̄ *de*, est devenu le signe de l'articulation N; que la *bouche*, en égyptien ⲣⲟ *ro*, a été choisie pour représenter la consonne grecque P, etc. Nous concevrons de même comment le son T a été exprimé indifféremment, soit par le *segment de sphère*, puisque ce caractère, dans l'écriture idéographique, est le signe de l'article féminin ϯ *ti* ou ⲧⲉ *té*, soit par une *main ouverte*, qui se disait ⲧⲟⲧ *tot* (*vola*, *manus*) en langue égyptienne. Il en est de même de tous les autres sons rendus par des caractères différents, comme nous l'établirons bientôt par des exemples plus nombreux. Cette multiplicité de signes n'a donc d'autre origine que les procédés propres à la méthode que nous venons d'exposer.

Bien plus, les caractères démotiques employés pour exprimer phonétiquement les noms propres; caractères que nous connaissions déja par l'inscription de Rosette, se trouvent n'être autre chose que les caractères *hiératiques qui répondent exactement aux caractères hiéroglyphiques* dont nous venons de reconnaître aussi l'emploi phonétique.

Nous avons vu que le son K était rendu, dans les noms Κλεοπατρα et Αλεξανδρος, par deux signes qui diffèrent de forme (le *quart de cercle* et le *vase à anneau*); mais l'homophonie de ces deux caractères ne saurait être douteuse, puisque le signe initial du nom démotique de Cléopâtre (1) n'est autre que l'équivalent hiératique de l'hiéroglyphe représentant le *vase à anneau* que nous avons justement supposé être le signe du son K, dans le cartouche hiéroglyphique ΑΛΚΣΑΝΤΡΣ. Ces deux caractères homophones doivent donc être admis. Nous trouverons ailleurs d'autres exemples d'homophonies pareilles, tous procédant de la même cause.

Quant au second des caractères hiéroglyphiques qui représentent le son Σ dans ΑΛΚΣΑΝΤΡΣ (les *deux sceptres horizontaux affrontés* (2)), lequel diffère essentiellement du *trait recourbé* qui, dans ΠΤΟΛΜΗΣ, représente aussi le son Σ, l'homophonie de ces deux signes est, nous osons le dire, incontestable; car ces deux signes hiéroglyphiques *sont rendus dans les textes hiératiques par un seul et même caractère*, comme vous pouvez le reconnaître, Monsieur, dans le Tableau général des signes hiératiques, que j'ai présenté l'année dernière à l'Académie (3), et comme il est facile de s'en assurer en comparant le manuscrit hiératique gravé dans la *Description de l'Égypte* (4), avec le grand manuscrit hiéroglyphique publié dans le même ouvrage (5). Cette

(1) Voyez ma planche I, n° 17.

(2) *Idem*, planche I, n° 25.

(3) Tableau général des signes hiératiques et hiéroglyphiques comparés, Ire classe, n° 14; VIe classe, n° 8 et n° 9.

(4) Antiquités, vol. II, pl. 62, pag. 1 et 2.

(5) *Idem*, planche 74, de la colonne 120 à la colonne 104.

collation de ces deux légendes démontrera l'emploi indifférent des deux signes l'un pour l'autre dans les textes idéographiques, et la collation de certains autres manuscrits, tels que la page 4 du même manuscrit de la bibliothèque royale, ou la page 8 du manuscrit de M. Fontana (1), comparées, la première avec les colonnes 87 à 83 pl. 74, et la seconde avec les colonnes 93 à 86 de la même planche 74 du grand manuscrit hiéroglyphique, donnera en outre pour équivalent *hiératique* du signe hiéroglyphique représentant deux sceptres affrontés, un caractère (2) qui est exactement le même que le signe démotique représentant aussi l'articulation Σ dans les mots ΑΛΚΣΑΝΤΡΣ (3) (Alexandre) et ΣΝΤΚΣΣ (4) (συνταξις) du texte populaire de l'inscription de Rosette. Enfin, comme dernière preuve de la valeur commune de ces deux signes, nous citerons un second cartouche hiéroglyphique phonétique, contenant le nom d'Alexandre, et sculpté à Karnac (*Description de l'Égypte, Antiquités*, vol. 3, pl. 38, n° 15) (5), dans lequel les deux Σ de ce nom sont rendus par le signe composé des *deux sceptres horizontaux*, répété deux fois.

On peut donc considérer comme bien déterminée la

(1) *Copie figurée d'un rouleau de papyrus trouvé en Égypte, publié par M. Fontana et expliqué par M. de Hammer*, Vienne, Strauss, 1822.

(2) Voyez ma planche I, n° 27.

(3) *Idem*, planche I, n° 1 et 13.

(4) *Idem*, planche I, n° 11.

(5) *Idem*, planche I, n° 26, à la suite de ce Mémoire.

valeur *phonétique* des quinze signes hiéroglyphiques tirés des trois cartouches qui viennent d'être analysés.

On trouve sculpté au plafond de la grande porte triomphale de Karnac à Thèbes (*Desc. de l'Égypte*, *Ant.* vol. 3, pl. 50), le cartouche phonétique d'un PTOLÉMÉE, suivi des titres *toujours vivant, chéri de Phtha*, en caractères idéographiques. Il est accompagné d'un cartouche qui est nécessairement un nom de femme, puisqu'il est terminé par les signes idéographiques du genre féminin, comme le nom hiéroglyphique de la reine Cléopâtre déja retrouvé. Dans ce nouveau nom de reine Lagide, nous reconnaissons facilement, au moyen des caractères hiéroglyphico-phonétiques déja fixés, le nom de Bérénice orthographié ΒΡΝΗΚΣ presque comme dans le papyrus démotique du cabinet du roi; et ce nom propre (1) nous donne un nouveau signe phonétique, celui du B, représenté par une espèce de *patère* (2), et de plus de

(1) Voyez ma planche I, n° 32 et 33.

(2) C'est sans doute par la forme de ce même signe, qui a quelque analogie avec la représentation d'une *corbeille*, que M. le docteur Young a été conduit à reconnaître le nom de *Bérénice* dans le cartouche qui le contient en effet. Mais ce savant anglais pensa que les hiéroglyphes qui forment les noms propres, pouvaient exprimer des syllabes entières, qu'ils étaient ainsi une sorte de *rébus*, et que le signe initial du nom de Bérénice, par exemple, représentait la syllabe Bιρ qui veut dire *corbeille* en langue égyptienne. Ce point de départ faussa en très-grande partie l'analyse phonétique qu'il a tentée sur les noms de *Ptolémée* et de *Bérénice*, où il a cependant reconnu la valeur phonétique de quatre signes : ce sont le Π, une des formes du T, une des formes du M, et celle de l'I; mais l'ensemble de son alphabet

nouvelles formes du K et du Σ qui reparaîtront dans plusieurs autres cartouches. Quant à ces variations en général, trouvez bon, Monsieur, que, pour ne pas donner à la lettre que vous me permettez de vous adresser, une trop grande étendue, je cesse de les faire remarquer à mesure que nous les rencontrerons, les ayant soigneusement réunies dans l'alphabet complet, formant la dernière des planches qui accompagnent ma lettre. Mais vous pouvez, Monsieur, vous assurer sans peine de l'homophonie de ces signes variés, puisque chacun d'eux se retrouvera dans plusieurs autres noms propres dont la lecture ne vous offrira pas d'ailleurs la moindre incertitude.

Réunissant donc l'ensemble des signes phonétiques qui viennent d'être isolément recueillis et qui composent l'alphabet général, je vais successivement mettre sous vos yeux et très-sommairement, d'après les planches de la Description de l'Égypte, les noms propres tracés en hiéroglyphes phonétiques sur ceux des monuments de cette contrée qui nous sont si bien connus par ce

---

syllabique établi sur ces deux noms seulement, fut tout-à-fait inapplicable aux nombreux noms propres phonétiques inscrits sur les monuments de l'Égypte. Toutefois M. le docteur Young a fait en Angleterre, sur les monuments écrits de l'ancienne Égypte, des travaux analogues à ceux qui m'ont occupé pendant tant d'années; et ses recherches sur le texte intermédiaire et le texte hiéroglyphique de l'inscription de Rosette, comme sur les manuscrits que j'ai fait reconnaître pour *hiératiques*, présentent une série de résultats très-importants. Voyez *Encyclopædia britannica, supplément*, vol. IV, par. I. Edimburgh, december 1819.

magnifique ouvrage, graces à la fidélité de nos voyageurs, et aux lumières qui ont dirigé son exécution (1).

Parmi ces noms, plusieurs appartiennent à la période grecque de l'histoire d'Égypte.

On lira donc avec nous :

1° Le nom d'*Alexandre*, sculpté deux fois sur les édifices de Karnac. Il eût été bien surprenant en effet de ne point retrouver le nom de ce conquérant, écrit sur les monuments de l'antique capitale de l'Égypte. Il y est orthographié ΑΛΚΣΑΝΤΡΣ (2) et ΑΛΚΣΝΤΡΕΣ (3) comme dans l'écriture démotique. Ce nom illustre remplit toute la capacité des cartouches. Il est à regretter qu'on n'ait point copié les légendes d'hiéroglyphes qui les précèdent ou qui les suivent : elles nous eussent donné les titres et les qualifications de ce nouveau souverain.

2° Le nom de *Ptolémée*, commun à tous les Lagides. Tantôt il occupe le cartouche entier, comme on le voit deux fois dans la sixième ligne du texte hiéroglyphique de la pierre de Rosette (4), à Dendera (5), sur le mo-

---

(1) On sait que M. Jomard est le commissaire du gouvernement chargé de diriger l'exécution de cet ouvrage.

(2) Description de l'Égypte, Antiquités, vol. III, planche 38, n° 13. Voyez à la fin de cette lettre planche I, n° 25.

(3) Description de l'Égypte, *idem*, planche 38, n° 15, et notre planche I, n° 26.

(4) Voyez notre planche I, n° 28.

(5) *Idem*, n° 29. Description de l'Égypte, vol. IV, pl. 28, n° 26.

2

nolithe de Qous (1), etc., etc. Tantôt, ce qui est plus ordinaire, il se montre accompagné des titres idéographiques *toujours vivant, chéri de Phtha* (2); *toujours vivant, chéri d'Isis* (3); *toujours vivant, chéri de Phtha et d'Isis.*

Le nom que portèrent tous les souverains de la dynastie macédonienne, et qui se lit ordinairement ΠΤΟΛΜΗΣ (4) et quelquefois ΠΤΛΟΜΗΣ (5), est presque toujours précédé d'un autre cartouche qui contient les surnoms particuliers du Ptolémée, tracés en hiéroglyphes idéographiques, tels que *Dieu sauveur, Dieu Évergète, Dieu Épiphane, Dieu Adelphe*, etc. Je me réserve de faire connaître la série entière de ces surnoms idéographiques dans un travail spécial. Il ne s'agit ici que des noms écrits phonétiquement. Toutefois lorsque ce même surnom n'est point, comme les précédents, une simple qualification, et lorsqu'il est réellement *un nom* emprunté à une *langue étrangère* aux Égyptiens, ce même surnom est alors écrit en hiéroglyphes phonétiques, et devient susceptible de lecture comme le nom même de *Ptolémée.* Vous trouverez bientôt, monsieur, deux exemples de cette particularité.

---

(1) *Idem*, n° 30. Description de l'Égypte, Antiq., vol. IV, pl. I, n° 3; et notre planche I, n° 30.

(2) Voyez notre planche I, n° 22 et 23, etc.

(3) *Idem*, n° 23 bis. Voyez aussi Description de l'Égypte, A. vol. I, planche 43, n° 3, etc.

(4) Voyez notre pl. I, n° 29 et 31.

(5) *Idem*, planche I, n° 30.

3° Le nom de *Bérénice* orthographié ΒΡΝΗΚΣ, se lit deux fois au plafond de la porte triomphale du sud à Karnac (1).

4° On remarque sur les bas-reliefs des temples de Philæ trois cartouches accolés (2); le premier contient, en écriture idéographique, *les dieux Évergètes chéris*, etc.; le second le nom de *Ptolémée* (ΠΤΟΛΜΗΣ) *toujours vivant, chéri d'Isis*, et le troisième le nom phonétique ΚΛΕΟΠΑΤΡΑ précédé du titre idéographique *sa sœur*: ces trois petits tableaux nous donnent la série suivante: *Les dieux Évergètes chéris du soleil*, etc., *Ptolémée toujours vivant chéri d'Isis, et sa sœur Cléopâtre*, qui ne peut se rapporter qu'à Ptolémée Évergète second, et à Cléopâtre sa sœur, et sa première femme, veuve de Philométor.

L'obélisque de Philæ qui se rapporte au même Évergète second, présente aussi le nom de *Cléopâtre* (3), mais il est précédé des deux désignations idéographiques *sa femme* et *sa sœur*. S'il faut entendre par là, comme nous le pensons, les deux Cléopâtres (Βασιλισσῃ Κλεοπατρᾳ τῃ Αδελφῃ και Βασιλισσῃ Κλεοπατρᾳ τῃ γυναικι) mentionnées dans l'inscription grecque du socle, le car-

---

(1) Planche I, n° 32 et 33. Voyez aussi Description de l'Égypte, Antiq. vol. III, pl. 50.

(2) Le dessin de ce bas-relief existe dans les riches portefeuilles d'un savant architecte, membre de l'Institut, qui doit bientôt faire jouir le public des importantes conquêtes qu'il a faites pour les arts dans ses voyages en Orient.

(3) Voyez ma planche I, n° 24.

touche hiéroglyphique ΚΛΕΟΠΑΤΡΑ se rapporte à la fois et à Cléopâtre fille d'Épiphane, veuve de Philométor, *sœur* et première femme d'Évergète second, et à Cléopâtre, fille de la précédente et de Philométor, et seconde *femme* de ce même Évergète. Au reste le nom de Cléopâtre, qui fut celui de plusieurs reines d'Égypte, se retrouve très-fréquemment sur les colonnes des portiques de Philæ, sur les corniches du grand temple d'Ombos, sur les monuments de Thèbes et de Dendera (1).

5° La frise intérieure de l'enceinte du grand temple d'Edfou nous offre un long cartouche renfermant la légende Ptolémée, *surnommé* Alexandre, *toujours vivant, chéri de Phtha* (2). Le nom est écrit ΠΤΟΛΜΗΣ et se trouve séparé du surnom ΑΡΚΣΝΤΡΣ, par un groupe idéographique (3) répondant au mot grec ἐπικαλουμενος qui, sur le contrat de Ptolémaïs, avertit aussi du *surnom* de *Ptolémée Alexandre*. Un cartouche (4) semblable dans lequel le nom et le surnom sont également écrits ΠΤΟΛΜΗΣ et ΑΡΚΣΝΤΡΣ accompagnés des titres idéographiques *toujours vivant, chéri de Phtha*, quoique avec des éléments différents, est sculpté sur le grand temple d'Ombos.

(1) *Idem* n° 34, 35 et 36. Voyez l'explication des planches.

(2) Même planche n° 40; et Description de l'Égypte, A, vol. I, pl. 60, n° 9.

(3) Même planche I, n° 38.

(4) Description de l'Égypte, A, vol. I, pl. 43, n° 8. Voyez notre planche I, n° 41.

Vous aurez sans doute remarqué, monsieur, le changement du Λ en P dans le surnom de Ptolémée *Alexandre*, tandis que le nom d'*Alexandre* le grand que nous avons lu sur les édifices de Karnac, porte deux fois le Λ conformément à l'orthographe grecque. Mais la confusion de ces deux lettres d'un même organe, l'emploi indifférent de ces deux liquides l'une pour l'autre, n'a rien qui doive étonner surtout dans l'Égypte ancienne où la confusion du Λ pour le P ou du P pour le Λ paraît avoir été telle, que l'emploi presque exclusif du Λ pour le P caractérisa fondamentalement le troisième dialecte de la langue égyptienne, le *Baschmourique*, que je persiste à considérer comme le langage vulgaire de l'Égypte moyenne. Nous trouverons d'ailleurs dans de nouveaux cartouches phonétiques, des exemples multipliés de l'usage indifférent de ces deux consonnes l'une pour l'autre.

6° Parmi les cartouches que les membres de la Commission d'Égypte ont dessinés sur les édifices de Dendéra, il en est un (1) qui vous intéressera, monsieur, sous plusieurs rapports. La légende suivante y est exprimée soit phonétiquement soit idéographiquement : ΠΤΟΛΜΗΣ (Ptolémée) *surnommé* ΝΗΟ ΚΗΣΡΣ (*jeune* ou *nouveau César*) *toujours vivant, chéri d'Isis*. Ce nom de *Ptolémée* et ce surnom de *jeune César* ou de *nouveau César* s'appliquent sans difficulté à un jeune prince dont

(1) Voyez ma planche I, n° 42 ; et Description de l'Égypte, A, vol. IV, planche 28, n° 15.

la mort fut aussi malheureuse que la naissance. On y reconnaît, en effet, ce fils dont la reine Cléopâtre se montra si orgueilleuse, parce que Jules-César en fut le père; cet enfant porta, selon Plutarque (1), le nom de *Cæsarion*, et Dion-Cassius (2) le désigne plus complètement sous ceux de *Ptolémée-Cæsarion;* c'est là certainement le Πτολεμαιος Νεο-Καισαρ du cartouche hiéroglyphique. Il est vrai que l'existence du nom de ce prince, gravé en caractères sacrés sur un des principaux temples de l'Égypte, fait supposer qu'il a dû être un de ses rois; l'histoire ne parle point de ses actions, mais elle a conservé le souvenir de son règne éphémère. Ptolémée-Cæsarion fut en effet reconnu et proclamé roi d'Égypte étant à peine âgé de sept ans. Il succédait à deux autres rois, ses oncles, victimes, bien jeunes aussi, des discordes publiques. Ce fut des Triumvirs vainqueurs à Philippes que Cæsarion reçut la couronne, parce que Cléopâtre sa mère les avait secondés. C'est encore Dion-Cassius qui le rapporte textuellement (3). Mais, liée au sort d'Antoine, Cléopâtre bientôt après eut Octave pour ennemi; et ce même enfant, Cæsarion, sembla quelque temps être le seul motif des guerres qui désolèrent alors la république romaine. Antoine, maître de l'Égypte et vainqueur de l'Orient, déclara le jeune Pto-

(1) In Cæsare, pag. 731.

(2) XLVII, pag. 345.

(3) Voyez les *Annales des Lagides*, par M. Champollion-Figeac, tome II, pages 343 à 381.

lémée le fils légitime de Jules-César, et lui décerna le titre de *roi des rois*, moins peut-être pour relever sa naissance et son rang, que pour abaisser Octave (1). Celui-ci, poursuivant à la fois Antoine son compétiteur et cet enfant roi qu'on disait fils, plus que lui, de Jules César, réussit enfin à leur arracher la vie; Cléopâtre se donna la mort, et l'antique monarchie égyptienne fut changée en une préfecture romaine.

Le passage de Dion Cassius nous donne approximativement l'époque où ce cartouche hiéroglyphique de Ptolémée Cæsarion a dû être inscrit sur le temple de Dendéra à côté de celui de *Cléopâtre* sa mère (2), car la couronne fut donnée à Cæsarion la onzième année de Cléopâtre, l'an 40 avant l'ère chrétienne. Le bas-relief du temple de Dendéra est le premier monument public connu qui rappelle le nom d'un jeune roi presque inaperçu dans l'histoire, et c'est sans aucun doute à ce même *Ptolémée-Cæsarion* que nous devons rapporter aussi les deux cartouches accolés, sculptés également à Dendéra (3), et qui, entièrement phonétiques, renferment les seuls mots ΠΤΟΛΜΗΣ ΚΗΣΛΣ (pour ΚΗΣΡΣ) *Ptolémée-Cæsar*.

Tels sont les principaux des noms de rois macédoniens

---

(1) *Idem, idem.*

(2) Planche I, n° 36. — Description de l'Égypte, A, vol. IV, pl. 28, n° 27.

(3) Planche I, n° 43.—Description de l'Égypte, A, vol. IV, pl. 28, n° 26 et 25.

d'Égypte, que j'ai retrouvés parmi les noms propres hiéroglyphiques gravés dans la *Description de l'Égypte*. Il est facile de sentir combien l'inspection des monuments mêmes pourrait en multiplier le nombre.

Vous partagerez sans doute aussi, monsieur, toute ma surprise, lorsque le même alphabet hiéroglyphique phonétique appliqué à une foule d'autres cartouches gravés dans le même ouvrage, vous donnera les titres, les noms et jusqu'aux surnoms des empereurs romains, énoncés en *langue grecque* et écrits avec ces mêmes hiéroglyphes phonétiques.

On y lit en effet :

1° Le titre impérial Αυτοκρατωρ, occupant à lui seul toute la capacité d'un cartouche (1), ou bien encore suivi des titres idéographiques *toujours vivant* (2), orthographié ΑΟΤΟΚΡΤΡ, ΑΟΤΚΡΤΟΡ, ΑΟΤΑΚΡΤΡ, et même ΑΟΤΟΚΛΤΛ (3), le Λ étant employé *baschmouriquement* (pardonnez-moi l'expression) pour le Ρ.

Les cartouches renfermant ce titre sont presque toujours accolés ou mis en rapport avec un second cartouche contenant, comme nous le verrons bientôt, les *noms propres* des empereurs. Mais quelquefois aussi on trouve ce mot dans des cartouches absolument isolés. L'exemple le plus remarquable sans doute que je puisse

(1) Voyez ma planche II, n° 44, 45 et 46.

(2) Voyez ma planche II, n° 47.

(3) Description de l'Égypte, Ant., vol. IV, pl. 27, n° 13, etc.; et ma planche II, n° 48 et 49.

citer de cette particularité, est le bas-relief sculpté sur la seconde pierre du zodiaque circulaire de Dendéra, monument célèbre dont la munificence royale vient d'enrichir le Cabinet des Antiques. D'après la belle gravure publiée dans la Description de l'Égypte, on voit à droite une grande figure de femme sculptée de ronde bosse entre deux longues colonnes perpendiculaires d'hiéroglyphes. Au bas de la colonne de gauche est un cartouche (1) qui contient seulement le titre AOTKPTP. Cette partie importante du monument n'est pas à Paris; la pierre a été sciée vers ce point même parce qu'on n'a eu pour objet que d'enlever le zodiaque circulaire seul, et on l'a ainsi isolé d'un bas-relief qui s'y rapportait selon toutes les probabilités. Quoi qu'il en soit, le cartouche dont je viens de donner la lecture, établit, d'une manière incontestable, que le bas-relief et le zodiaque circulaire ont été sculptés par des mains égyptiennes sous la domination des Romains. Notre alphabet acquiert par ce fait seul une haute importance, puisqu'il simplifie beaucoup une question si long-temps agitée, et sur laquelle la plupart de ceux qui l'ont examinée n'ont présenté que des opinions incertaines et souvent diamétralement opposées. Il eût été à désirer qu'un second cartouche accolé au premier nous donnât, comme sur beaucoup d'autres bas-reliefs égyptiens, le nom même de l'empereur. Mais si, en pareille matière, les conjectures étaient admissibles, plusieurs circonstances me porte-

(1) Voyez ma planche II, n° 50.

raient à croire que ce titre ainsi isolé pourrait appartenir ou à l'empereur Claude ou plutôt à l'empereur Néron, dont beaucoup de médailles frappées en Égypte ne portent en effet aussi pour toute légende que le titre seul ΑΥΤΟΚΡΑΤΩΡ (1).

2° Le titre de ΚΑΙΣΑΡ ou ΚΑΙΣΑΡΟΣ renfermé seul dans un cartouche ou suivi des épithètes idéographiques *toujours vivant*, *chéri d'Isis*, se montre isolé dans les édifices de Philæ et de Dendéra (2). Il est orthographié ΚΗΣΡΣ ou ΚΗΣΛΣ indifféremment.

3° D'autres cartouches portent les titres d'*empereur* et de *César* réunis sous les formes suivantes : ΑΟΤΟΚΡΤΡ ΚΗΣΡΣ, ΑΟΤΟΚΡΤΟΡ ΚΕΣΡΣ, ΑΟΤΚΡΤΡ ΚΗΣΡ, et même ΑΟΤΚΡΤΛ ΚΗΣΡΣ (3). Mais ces mêmes cartouches sont combinés avec d'autres renfermant le nom propre de l'empereur.

4° La corniche de la partie postérieure du temple de l'ouest à Philæ (4), est décorée de six bas-reliefs représentant tous un souverain la tête ornée de la coiffure royale appelée *Pschent* (coiffure dont l'inscription de Rosette nous a conservé le nom dans son texte grec et nous a retracé la forme dans son texte hiéroglyphique); ce personnage est assis sur un trône, et deux déesses debout lui présentent un emblême absolument

---

(1) Zoëga, *Numi Ægyptii imperatorii*, pages 14 et 22.
(2) Voyez l'explication des planches n° 51, 52, 53, 54, et 55, et pl. II.
(3) Planche II, n° 56, 57, 58, 59 et 60.
(4) Description de l'Égypte, Ant., tome I.

semblable à celui que portent dans leurs mains les chefs militaires, qui, sur un des bas-reliefs du palais de Médinet-Abou à Thèbes (1), précèdent et suivent un ancien conquérant égyptien dans une cérémonie triomphale. Cette composition m'a sur-le-champ rappelé l'article du décret porté par les prêtres réunis à Memphis et gravé sur la pierre de Rosette; article qui ordonne de représenter *dans les temples de l'Égypte l'image du roi Ptolémée Épiphane, à laquelle l'image du Dieu principal du temple présentera l'insigne de la Victoire* (2). Je m'attendais en quelque sorte à lire dans les *deux cartouches* (3) qui sont placés à droite et à gauche de ces bas-reliefs, le nom de *Ptolémée Épiphane;* mais on y trouve en réalité la légende ΑΟΤΚΡΤΡ ΚΗΣΡΣ (*l'empereur César*), *toujours vivant*, *chéri d'Isis*, qui ne peut se rapporter qu'à l'empereur Auguste, dont les médailles grecques frappées en Égypte n'offrent assez ordinairement que ces deux mêmes mots (4); et je fais remarquer ici cette similitude, dont vous verrez une multitude d'autres exemples, parce que l'autorité qui faisait inscrire les titres et les noms des empereurs sur les temples en écriture hiéroglyphique, était certainement la même qui réglait la légende de leurs médailles d'Égypte. Quant

(1) Description de l'Égypte, Ant., vol. II, planche 11.

(2) Inscription de Rosette, texte grec, ligne 39. Le texte démotique dit *l'image du Dieu*, ligne 23.

(3) Voyez ma planche II, n° 61.

(4) Zoëga, *Numi Ægyptii imperatorii*, pages 3, 8, etc.

au sujet des bas-reliefs de Philæ, puisqu'ils se rapportent à Auguste, ils pourraient rappeler sa victoire d'Actium qui, pour l'Égypte, devint l'origine d'une ère nouvelle et très connue.

5° Le nom de l'empereur *Tibère* se lit plusieurs fois sur les murs du temple de l'ouest à Philæ. Deux cartouches réunis y forment la légende suivante : AOTKPTP-TBPHΣ KHΣPΣ *toujours vivant* (1); et plusieurs autres encore groupés deux à deux, portent : AOTKPTP TBΛHΣ KHΣPΣ *toujours vivant* (2). Cette même légende est aussi répétée neuf fois sur la frise de ce même temple (3), et n'est encore, presque lettre pour lettre, qu'une transcription de la légende des médailles grecques de Tibère frappées en Égypte (4).

6° Les monuments de Philæ offrent aussi deux autres cartouches accolés qui renferment les titres et le nom de *Domitien*, en ces termes : AOTKPTP TOMTHNΣ ΣBΣTΣ, *l'empereur Domitien Auguste* (5). Nous retrouvons des légendes de cet empereur beaucoup plus étendues sur les édifices de Dendéra ; elles sont renfermées dans deux cartouches réunis, qui se lisent ou se traduisent sans difficulté AOTKPTP-KHΣPΣ TOMTHNΣ (l'empereur César Domitien), *surnommé* KPMNHKΣ (*Germanicus*) (6). Ces

---

(1) Voyez ma planche II, n° 64.
(2) *Idem*, planche II, n° 63.
(3) *Idem*, planche II, n° 62.
(4) Voyez Zoëga, et Mionnet, Description etc., tome VI.
(5) Voyez ma planche III, n° 65.
(6) *Idem*, planche III, n° 66, 67, 68.

légendes sont en tout conformes à celles des médailles grecques de cet empereur, frappées en Égypte

7° Un monument d'un autre ordre, un obélisque, celui qu'on appelle à Rome l'*Obélisque Pamphile*, présente aussi le nom phonétique de *Domitien*, en l'honneur duquel il a été sans doute sculpté en Égypte, et érigé dans la capitale de l'empire. On remarque d'abord sur la face orientale de cet obélisque le titre idéographique *Roi*, suivi d'un cartouche renfermant le titre de ΚΗΣΡ (*César*), avec d'autres signes dont l'incertitude, dans la gravure de Kircher, ne me permet point de hasarder la lecture. Les cartouches de la face orientale et de la face méridionale renferment ces mots: ΚΗΣΡΣ ΤΜΗΤΙΗΝΣ (*César Domitien*) (1). Enfin les deux cartouches placés vers le bas de la face septentrionale du même obélisque, forment la légende : ΑΟΤΚΡΤΑ-ΚΗΣΡΣ ΤΜΗΤΕΝΣ ΣΒΣΤΣ (2), l'empereur César Domitien Auguste.

8° Le nom de *Vespasien* son Père se lit dans un des cartouches supérieurs de la même face, compris dans la formule idéographique *qui a reçu la puissance venant de* ΟΥΣΠΣΗΝΣ *son père* (3); les quatre premiers signes de ce cartouche sont trop rapprochés sur la gravure de Kircher.

9° Il existe dans la partie orientale de l'île de Philæ,

---

(1) Voyez ma planche III, n° 69.
(2) *Idem*, planche III, n° 70, cartouches *a* et *b*.
(3) *Idem*, planche III, n° 70 bis.

un édifice fort élégant, mais dont la décoration hiéroglyphique n'a jamais été terminée. Du nombre des parties complètes, sont deux entre-colonnements dont l'un a été dessiné, dans tous ses détails, par la Commission d'Égypte (1). Les cartouches dont il est chargé, se rapportent tous à l'empereur *Trajan*. L'image en pied de ce bon prince, faisant une offrande à Isis et à Arouéris, est accompagnée de deux cartouches contenant les mots ΑΟΤΚΡΤΡ ΚΗΣΡΣ ΝΡΟ· ΤΡΗΝΣ..... (*l'empereur César Nerva Trajan*) (2); et la légende ΤΡΗΝΣ ΚΗΣΡΣ (*Trajan César*) *toujours vivant* (3), renfermée dans un cartouche termine aussi la colonne perpendiculaire d'hiéroglyphes sculptée à la droite du bas-relief. La frise de ce même entre-colonnement est ornée de neuf petits cartouches. Celui du centre, un peu plus grand que les huit autres, soutenu par deux *Uréus* ou *aspics royaux*, renferme le nom de *Trajan*, ΤΡΗΝΣ, avec l'épithète idéographique *toujours vivant*. Combiné avec celui de droite et celui de gauche, il produit la légende suivante : *l'empereur toujours vivant; Trajan toujours vivant; César germe éternel d'Isis*. Les trois cartouches rangés à la droite de ces derniers, produisent les mots *Trajan toujours vivant, César*, *Germanicus*, *Dacicus*, *toujours vivant*. Enfin, les trois cartouches de la gauche donnent la légende : NERVA TRAJAN *toujours vivant*, EMPEREUR CÉSAR *tou-*

(1) Descript. de l'Égypte, Antiq., vol. II, pl. 27, n° 2.

(2) Voyez ma planche III, n° 71.

(3) *Idem*, planche III, n° 72.

jours vivant, AUGUSTE (1) *toujours vivant chéri d'Isis.* Le nom de Trajan se lit encore sur le grand temple d'Ombos; deux cartouches dessinés dans les ruines de ce monument, forment en effet la série ΑΟΤΟΚΡΤΡ ΚΗΣΛ ΝΑΟΑ - ΤΡΗΝΣ (*l'empereur César-Nerva-Trajan*), SURNOMMÉ ΚΡΜΝΗΚΣ, ΤΗΚΚΣ (*Germanicus, Dacicus*) (2); ce qui est encore, mot pour mot, la légende des médailles grecques de cet empereur frappées en Égypte.

10° C'est sur un des obélisques de Rome, celui qu'on appelle l'*Obélisque Barbérini*, que nous trouverons le nom du successeur de Trajan, Hadrien, qui aima tant l'Égypte et y laissa de si nombreux souvenirs. Ce monolithe portait, sur la première face, un grand cartouche aujourd'hui entièrement détruit, et qui, comme me l'indiquent les signes idéographiques dont il est précédé et ceux dont il est suivi, contenait le nom et les titres de l'empereur. Mais le nom d'Hadrien est heureusement conservé dans un cartouche placé devant la représentation en pied de ce prince, faisant une offrande au dieu *Phré* (le soleil), vers le haut de la quatrième face de l'obélisque. Ce cartouche, de très-petite proportion sur la gravure de Zoëga, m'a présenté toutefois, fort clairement, neuf hiéroglyphes phonétiques, dont la transcription en lettres grecques donne ʽΑΤΡΗΝΣ ΚΣΡ *Hadrien-César* (3).

(1) Voyez ma planche III, n° 75 *a*.

(2) *Idem*, planche III, n° 74.

(3) *Idem*, planche III, n° 76.

11° La lecture de ce nom ne peut vous offrir aucun doute en elle-même ; elle deviendrait certaine, d'ailleurs, s'il pouvait en exister aucun, par le fait seul que le nom de l'impératrice *Sabine*, épouse d'Hadrien, se trouve aussi écrit en hiéroglyphes phonétiques sur le même obélisque. La première face de ce monolithe contient, en effet, une série de signes idéographiques, exprimant les idées : *pareillement son épouse*, *grandement chérie*. Cette série (1) est suivie de deux cartouches ; le premier contient en toutes lettres, le nom de l'impératrice ΣΑΒΗΝΑ (2), suivi des signes idéographiques du genre féminin, comme le sont les noms des reines *Bérénice* et *Cléopâtre*, et du titre encore idéographique *déesse vivante*, *forte* ou *victorieuse* ; le second cartouche qui suit immédiatement, renferme en écriture phonétique, le titre de Σεβαςη (*Auguste*), orthographié ΣΒΣΤΗ (3), et accompagné de la légende idéographique *déesse toujours vivante*. Vous remarquerez sans doute aussi, monsieur, que les deux cartouches relatifs à l'impératrice étant réunis, produisent la légende Σαβινα ou Σαβεινα σεβαςη, qui est justement la seule que portent toutes les médailles grecques de la femme d'Hadrien, frappées en Égypte.

12° Je terminerai cette collection des noms hiéroglyphiques par celui du prince qui mérita si bien à-la-fois et des lettres et de l'humanité ; je veux parler du pieux *Antonin*, dont le nom se lit à plusieurs reprises

(1) Voyez ma Planche III, n° 77.

(2) *Idem a.*

(3) Planche III, n° 77 *b.* et 79.

sur le *Typhonium* de Dendéra. Deux cartouches apposés produisent la légende suivante : AOTOKPTOP KΣPΣ ANTONHNΣ *(l'empereur César-Antonin)*, *surnommé toujours vivant* (1).

Mais il nous reste encore, monsieur, à jeter un coup-d'œil rapide sur la nature du système phonétique selon lequel ces noms sont écrits, à nous former une idée exacte de la nature des signes qu'il emploie, et à rechercher aussi les motifs qui purent faire choisir l'image de tel ou tel objet, pour représenter telle consonne ou voyelle plutôt que telle autre.

Quant à l'ensemble du système d'écriture phonétique égyptienne (et nous comprenons à-la-fois sous cette dénomination l'écriture phonétique populaire et l'écriture phonétique hiéroglyphique), il est incontestable que ce système n'est point une écriture purement *alphabétique*, si l'on doit entendre en effet par *alphabétique* une écriture représentant rigoureusement, et chacun dans leur ordre propre, tous le sons et toutes *les articulations* qui forment les mots d'une langue. Nous voyons, en effet, l'écriture phonétique égyptienne, pour représenter le mot *César*, d'après le génitif grec KAIΣAPOΣ, se contenter souvent d'assembler les signes des consonnes K, Σ, P, Σ, sans s'inquiéter de la diphtongue ni des deux voyelles que l'orthographe grecque exige impérieusement, et nous montrer, par exemple, les noms propres AΛEΞANΔPOΣ, BEPENIKH ou plutôt BEPENIKHΣ,

(1) Voyez ma planche III, n° 78.

ΤΡΑΙΑΝΟΣ, etc., transcrits avec toutes leurs consonnes, il est vrai, mais perdant la plus grande partie de leurs voyelles : ΑΛΚΣΑΝΤΡΣ, ΒΡΝΗΚΣ, ΤΡΗΝΣ. On peut donc assimiler l'écriture phonétique égyptienne, à celle des anciens Phéniciens, aux écritures dites hébraïque, syriaque, samaritaine, à l'arabe cufique, et à l'arabe actuel; écritures que l'on pourrait nommer *semi-alphabétiques*, parce qu'elles n'offrent, en quelque sorte, à l'œil que le squelette seul des mots, les consonnes et les voyelles longues, laissant à la science du lecteur le soin de suppléer les voyelles brèves.

L'exposé des motifs qui déterminèrent les Égyptiens à prendre tel ou tel signe hiéroglyphique pour représenter tel ou tel son, exige un peu plus de développements : je suis forcé d'entrer dans des détails minutieux que je vous prie d'avance, monsieur, de me pardonner en faveur de l'importance de cette question en elle-même, et peut-être aussi des résultats singuliers auxquels son examen peut conduire.

J'ai déja fait pressentir que, pour rendre les *sons* et les *articulations*, et former ainsi une écriture phonétique, les Égyptiens prirent des hiéroglyphes figurant des objets physiques ou exprimant *des idées* dont le nom ou le mot correspondant en langue parlée commençait par la voyelle ou la consonne qu'il s'agissait de représenter. Le rapprochement que nous allons faire des signes hiéroglyphiques exprimant les consonnes avec les mots égyptiens exprimant les objets que ces mêmes hiéroglyphes représentent, lèvera toute incertitude sur la vérité du principe que nous venons d'énoncer, des analogies aussi multipliées ne pouvant être, en aucune manière, un pur effet du basard. La consonne B est exprimée, 1°, par un hiéroglyphe figurant le petit vase contenant du feu, et qui, placé sur la main d'un bras d'homme, sculpté, soit en bois soit en métal, forme la patère dans laquelle les héros représentés sur les bas-reliefs égyptiens brûlent ordinairement l'encens devant les images des dieux : le mot Ⲃⲣ̅ⲃⲉ *Berbe*, des livres coptes, convient très-bien à ce petit vase.

2° Le B est rendu sur l'obélisque Pamphile, par un quadrupède; mais la gravure de Kircher est tellement négligée, que nous ne pouvons décider si cet animal est une vache Ⲃⲁϩⲥⲓ (*Bahsi*), un chevreau Ⲃⲁⲁⲙⲡⲉ (*Baampé*), un bouc Ⲃⲁⲣⲏⲓⲧ (*Baréit*), un renard Ⲃⲁϣⲱⲣ (*Baschôr*), le petit quadrupède nommé Ⲃⲟⲓϣ (*Boischi*), ou enfin un schakal Ⲃⲱⲛϣ (*Bônsch.*)

La consonne K est rendue : 1°, par *un vase à anneau*, espèce de *bassin*, et les dictionnaires égyptiens nous présentent les mots Ⲕⲉⲗⲱⲗ (*Kelôl*), Ⲕⲉⲗⲱⲗⲓ (*Kéloli*), Ⲕⲛⲓⲕⲓϫⲓ (*Knikidji*), et Ⲕⲁϫⲓ (*Kadji*), qui tous expriment des *vases*, des *bassins* pour puiser l'eau;

2° Par une figure représentant soit un *angle* droit avec sa corde, soit une espèce de *triangle*, et le mot Ⲕⲟⲟϩ (*Kooh*), signifie un angle;

3° Par une espèce de *hutte* ou sorte de *cabane*, en égyptien Ⲕⲁⲗⲓⲃⲓ (*Kalibi*), soit par une espèce d'*enceinte* entourée de murs, Ⲕⲧⲟ (*Kto*), et recouverte d'une *voûte* ou *plafond* Ⲕⲏⲡⲉ (*Képé*);

4° Par une *coiffure* ou *capuchon*, Ⲕⲗⲁϥⲧ (*Klaft*); c'est la coiffure ordinaire des personnages privés dans les bas-reliefs égyptiens.

Le Λ est rendu par un *lion* ou une *lionne* dans une attitude de repos parfait. Nous trouverons le motif du choix de cet animal pour représenter la consonne Λ, dans le mot égyptien Ⲗⲁⲃⲟ (*Labo*) ou Ⲗⲁⲃⲟⲓ (*Laboi*), employé dans les textes coptes, avec la signification de *Lionne* (1). Nous ferons observer que le mot exprimant l'idée de *Lionne*, en arabe لبوة *Lebouah*, et en hébreu לביה *Lébieh*, sont parfaitement semblables au mo égyptien ⲗⲁⲃⲟⲓ (*Laboi*); ajoutons même que ce mot, dont l'orthographe régulière paraît avoir été Ⲗⲁϥⲱⲓ (*Lafôi*), n'est qu'un mot composé signifiant *très-velu*, *valdè hirsutus*, et que c'est dans ce sens qu'on aurait aussi quelquefois appliqué ce nom à l'ours dans la version égyptienne des livres saints (2).

Le trait brisé qu'on a cru représenter l'*eau* en écriture hiéroglyphique, y exprime, seulement, la préposition *de*, en égyptien ⲛ̀; c'est pour cela que ce signe idéographique est devenu celui du son N. Les petits vases qui représentent aussi la consonne N, ne sont autres que ces petits vases d'*albâtre* qu'on trouve si fréquemment en Égypte, et qui servaient à contenir des huiles parfumées Ⲛⲉϩ (*Neh*); ces vases portent dans les écrivains grecs le nom d'Αλαβαστρος ou d'Αλαβαστρον.

---

(1) Kircher, *Scala magna*, pag. 164.

(2) Apocalypse, XIII, 2.

La consonne grecque P est exprimée hiéroglyphiquement 1° par l'image de la *bouche* ⲣⲟ (*Ro*).

2° Par une fleur de *grenade* ⲣ̄ⲙⲁⲛ (*erman*) ou ⲣⲟⲙⲁⲛ *roman*.

Enfin la consonne T est représentée 1° par l'image d'une *main* ⲧⲟⲧ; 2° par le caractère idéographique de l'article déterminatif du genre féminin ϯ (*Ti*) ou ⲧⲉ (*Té*); 3° ou par le *niveau* des maçons, en langue égyptienne ⲧⲱⲣⲓ (*Tôri*) ou ⲧⲱⲣⲉ (*Tôré*) suivant les dialectes.

Je ne doute point, monsieur, que si nous pouvions déterminer d'une manière certaine l'objet que figurent ou expriment tous les autres hiéroglyphes phonétiques compris dans notre alphabet, il ne me fût très-facile de montrer, dans les lexiques égyptiens-coptes, les noms de ces mêmes objets commençant par la consonne ou les voyelles que leur image représente dans le système hyéroglyphique phonétique.

Cette méthode, suivie pour la composition de l'alphabet phonétique égyptien, fait pressentir jusques à quel point on pouvait multiplier, si on l'eût voulu, le nombre des hiéroglyphes phonétiques, sans nuire pour cela à la clarté de leur expression. Mais tout semble prouver que notre alphabet les renferme en très-grande partie. Nous avons, en effet, le droit de tirer cette conséquence, puisque cet alphabet est le résultat d'une série de noms propres phonétiques, gravés sur les monuments de l'Égypte pendant un intervalle de près de *cinq siècles*, et sur divers points de cette contrée.

Quant aux signes des voyelles de l'alphabet hiéroglyphique, il est aisé de voir qu'ils s'emploient d'une manière assez confuse les uns pour les autres. On ne peut établir sur ce point que les règles générales suivantes :

1° L'épervier, l'ibis, et trois autres espèces d'oiseaux s'emploient constamment pour A ;

2° La feuille ou plume représente indifféremment les voyelles brèves Ă Ĕ, même parfois Ŏ.

3° Les deux feuilles ou plumes répondent indifféremment aux voyelles I, H, ou aux diphthongues IA, AI.

Tout ce que je viens d'exposer sur l'origine, la formation et les anomalies de l'alphabet *hiéroglyphique phonétique*, s'applique presque entièrement à l'alphabet *démotique-phonétique*, dont la seconde colonne de la planche IV contient toute la série des signes, tirés de l'inscription de Rosette et du papyrus nouvellement acquis pour le cabinet du roi.

Ces deux systèmes d'écritures phonétiques étaient aussi intimement liés entre eux que le système *idéographique sacerdotal* le fut avec le système *idéographique populaire* qui n'en était qu'une émanation, et avec le système *hiéroglyphique pur* dont il tirait son origine. Les lettres démotiques ne sont, en effet, pour la plupart, comme nous l'avons annoncé, que les signes *hiératiques* des hiéroglyphes phonétiques eux-mêmes. Il vous sera aisé, monsieur, de reconnaître toute la vérité de cette assertion, en prenant la peine de consulter le Tableau comparatif des signes hiératiques classés à côté du signe hiéroglyphique correspondant, Tableau que j'ai présenté à l'Académie des belles-lettres depuis plus d'une année. Il n'existe donc, au fond, entre les deux alphabets, l'*hiéroglyphique* et le *démotique*, d'autre différence que la forme seule des signes, la valeur et les motifs mêmes de cette valeur demeurant les mêmes. J'ajouterai, enfin, que ces signes phonétiques populaires n'étant autre chose que des caractères hiératiques sans altération, il ne put forcément exister en Égypte que *deux* systèmes d'écritures phonétiques seulement; 1° l'écriture *hiéroglyphique phonétique*, employée sur les grands monuments ; 2° l'écriture *hiératico-démotique*, celle des noms propres grecs du texte intermédiaire de Rosette et du papyrus démotique de la bibliothèque du Roi (*Suprà*, p. 4.), et que nous trouverons peut-être un jour employée à transcrire le nom de quelque souverain grec ou romain dans des rouleaux de papyrus en écriture hiératique.

L'écriture phonétique fut donc en usage dans toutes les classes de la nation égyptienne, et elles l'employèrent long-temps comme un auxiliaire obligé des trois méthodes idéographiques. Lorsque, par l'effet de sa conversion au christianisme, le peuple égyptien reçut de ses apôtres l'écriture alphabétique grecque, obligé dès-lors d'écrire tous les mots de sa langue maternelle avec ce nouvel alphabet dont l'adoption l'isola pour toujours de la religion, de l'histoire et des institutions de ses ancêtres, tous les monuments étant, par ce fait, devenus muets pour ces néophites et pour leurs descendants, ees Égyptiens conservèrent toutefois quelque habitude de leur ancienne écriture phonétique ; et nous remarquons, en effet, que dans les plus anciens textes coptes, en dialecte thébain, la plupart des voyelles brèves sont totalement omises, et qu'ils ne présentent souvent, comme les noms hiéroglyphiques des empereurs romains, que des séries de consonnes interrompues de loin en loin par quelques voyelles presque toujours longues. Ce rapprochement nous a paru digne de remarque. Les auteurs grecs et latins ne nous ont transmis aucune notion formelle sur l'écriture phonétique égyptienne; il est fort difficile de déduire même l'existence de ce système, en pressant la lettre de certains passages où quelque chose de pareil semblerait être fort obscurément indiqué. Nous devons donc renoncer à connaître, par la tradition historique, l'époque où les écritures phonétiques furent introduites dans le système graphique des anciens Égyptiens.

Mais les faits parlent assez d'eux-mêmes pour nous autoriser à dire, avec quelque certitude, que l'usage d'une écriture auxiliaire destinée à représenter les sons et les articulations de certains mots, précéda, en Égypte, la domination des Grecs et des Romains, quoiqu'il semble très-naturel d'attribuer l'introduction de l'écriture semi-alphabétique égyptienne à l'influence de ces deux nations européennes, qui se servaient depuis long-temps d'un alphabet proprement dit.

Je fonde mon opinion, à cet égard, sur les deux considérations suivantes, qui vous paraîtront peut-être, monsieur, d'un assez grand poids, pour décider la question.

1° Si les Égyptiens eussent inventé leur écriture phonétique à l'imitation de l'alphabet des Grecs ou de l'alphabet des Romains, ils eussent naturellement établi un nombre de signes phonétiques égal aux éléments connus de l'alphabet grec ou de l'alphabet latin. Or, c'est ce qui n'est point; et la preuve incontestable que l'écriture phonétique égyptienne fut créée dans un tout autre but que celui d'exprimer les sons des noms propres des souverains grecs ou romains, se trouve dans la transcription égyptienne de ces noms eux-mêmes qui, pour la plupart, sont corrompus au point de devenir méconnaissables; d'abord par la suppression ou la confusion de la plus grande partie des voyelles, en second lieu par l'emploi constant des consonnes T pour Δ, K pour Γ, Π pour Φ; enfin par l'emploi accidentel du Λ pour le P, et du P pour le Λ.

2° J'ai la certitude que les mêmes signes *hiéroglyphiques-phonétiques* employés pour représenter les sons des noms propres grecs et romains, sont employés aussi dans des textes idéographiques gravés fort antérieurement à l'arrivée des Grecs en Égypte, et qu'ils ont déja, dans certaines occasions, la même valeur représentative des sons ou des articulations, que dans les cartouches gravés sous les Grecs et sous les Romains. Le développement de ce fait précieux et décisif appartient à mon travail sur l'écriture hiéroglyphique pure. Je ne pourrais l'établir dans cette lettre sans me jeter dans des détails prodigieusement étendus.

Je pense donc, monsieur, que l'écriture *phonétique*

exista en Égypte à une époque fort reculée; qu'elle était d'abord une partie nécessaire de l'écriture idéographique; et qu'on l'employait aussi alors, comme on le fit après Cambyse, à transcrire (grossièrement il est vrai) dans les textes idéographiques, les noms propres des peuples, des pays, des villes, des souverains, et des individus étrangers dont il importait de rappeler le souvenir dans les textes historiques ou dans les inscriptions monumentales.

J'oserai dire plus : il serait possible de retrouver dans cette ancienne écriture phonétique égyptienne, quelque imparfaite qu'elle soit en elle-même, sinon l'origine, du moins le modèle sur lequel peuvent avoir été calqués les alphabets des peuples de l'Asie occidentale, et surtout ceux des nations voisines de l'Égypte. Si vous remarquez en effet, monsieur, 1° que chaque lettre des alphabets que nous appelons hébreu, chaldaïque et syriaque, porte un nom significatif, noms fort anciens puisqu'ils furent presque tous transmis par les Phéniciens aux Grecs lorsque ceux-ci en reçurent l'alphabet; 2° Que *la première consonne ou voyelle de ces noms* est aussi, dans ces alphabets, *la voyelle ou la consonne que la lecture représente*, vous reconnaîtrez avec moi, dans la création de ces alphabets, une analogie parfaite avec la création de l'alphabet phonétique égyptien : et si des alphabets de ce genre sont formés primitivement, comme tout le prouve, de signes représentant des idées ou objets, il est évident que nous devons reconnaître le peuple inventeur de cette méthode graphique, dans celui qui se servit spécialement d'une écriture idéographique ; c'est dire enfin, que l'Europe, qui reçut de la vieille Égypte les éléments des sciences et des arts, lui devrait encore l'inappréciable bienfait de l'écriture alphabétique.

Du reste je n'ai voulu qu'indiquer ici sommairement cet aperçu fécond en grandes conséquences, et il ressortait naturellement de mon sujet principal, l'*alphabet des hiéroglyphes phonétiques*, dont je me suis proposé d'exposer à la fois la théorie et quelques applications. Celles-ci offrent des résultats déja favorablement appréciés par l'illustre Académie dont les doctes travaux ont donné à l'Europe les premiers principes de la solide érudition, et ne cessent de lui en offrir les plus utiles exemples. Mes essais ajouteront peut-être quelque chose à la série des faits certains dont elle a enrichi l'histoire des vieux peuples ; celle des Égyptiens, qui remplissent encore le monde de leur juste renommée, y puisera quelques lumières nouvelles ; et c'est beaucoup sans doute, aujourd'hui, que de pouvoir faire, avec assurance, un premier pas dans l'étude de leurs monuments écrits, d'y recueillir quelques données précises sur leurs principales institutions auxquelles l'antiquité elle-même a fait une réputation de sagesse que rien du moins n'a encore démentie. Quant aux prodigieux monuments que l'Égypte érigea, nous pouvons enfin lire dans les cartouches qui les décorent, leur chronologie certaine depuis Cambyse, et les époques de leur fondation ou de leurs accroissements successifs sous les dynasties diverses qui la gouvernèrent, la plupart d'entre ces monuments portant à la fois des noms pharaoniques, des noms grecs et des noms romains, et les premiers, caractérisés par le petit nombre de leurs signes, résistant constamment à toute tentative pour y appliquer avec succès l'*alphabet* que je viens de faire connaître. Telle sera, je l'espère, l'utilité de ce travail que je suis très-flatté, monsieur, de produire sous vos honorables auspices; le public lettré ne lui refusera ni son estime, ni son suffrage, puisqu'il a pu obtenir ceux du vénérable Nestor de l'érudition et des lettres françaises, qui les honora et les enrichit par tant de travaux, et qui, d'une main à la fois protectrice et bienveillante, se complut toujours à soutenir et à diriger dans la difficile carrière qu'il a si glorieusement parcourue, tant de jeunes émules qui ont depuis complètement justifié un si vif intérêt. Heureux d'en jouir à mon tour, je n'oserai cependant répondre que de ma profonde gratitude, et du respectueux attachement dont je vous prie, monsieur, de me permettre de vous renouveler publiquement toutes les assurances.

Paris, le 22 septembre 1822 (1).

J. F. CHAMPOLLION LE JEUNE.

---

(1) Un extrait de cette Lettre a été lu à l'Académie royale des Inscriptions et Belles-Lettres, le 27 septembre 1822.

EXPLICATION DES PLANCHES.

On réunit ici la lecture de tous les noms propres exprimés phonétiquement soit en écriture *démotique*, soit en écriture *hiéroglyphique*, et représentés sur nos trois premières planches.

Les noms *démotiques* doivent être lus de droite à gauche. Les signes qui composent les noms *hiéroglyphiques* renfermés dans des cartels ou cartouches, sont disposés de deux manières:

1° Ou ils sont rangés horizontalement; dans ce cas ils peuvent procéder soit de gauche à droite, soit de droite à gauche;

2° Où ils sont tracés en colonne perpendiculaire.

Dans l'un et l'autre cas les hiéroglyphes sont souvent placés deux à deux, trois à trois, etc., les uns au-dessus des autres.

La direction générale des signes hiéroglyphiques formant un nom propre ou une légende, est facile à connaître, et l'on doit en commencer la lecture par le côté de l'inscription vers lequel sont tournées les têtes des animaux qui se trouvent parmi ces signes. Cette règle ne souffre aucune exception.

Les noms et mots phonétiques sont transcrits ici en petites capitales grecques; et le sens des signes purement *hiéroglyphiques*, en lettres italiques.

Planche Ire.

Noms en écriture démotique.

INSCRIPTION DE ROSETTE.

1. ΑΛΚΣΑΝΤΡΣ (Alexandre).
2. ΠΤΛΟΜΗΣ (Ptolémée).
3. ΑΡΣΗΝΕ (Arsinoé).

4. ΒΡΝΗΚΕ (Bérénice).
5. ΑΗΕΤΟΣ (Aétès).
6. ΠΡΕ (Pyrrha).
7. ΠΗΛΗΝΣ (Philinus).
8. ΑΡΗΕ (Aréia).
9. ΤΗΕΚΝΣ (Diogène).
10. ΙΡΕΝΕ (Irène).
11. ΣΝΤΚΣΣ (Συνταξις).
12. ΟΥΗΝΝ (*Ionien*, *Grec*).

ΡΑΡΥRUS DÉMOTIQUE.

13. ΑΛΚΣΝΤΡΟΣ (Alexandre).
14. ΠΤΛΟΜΗΣ (Ptolémée).
15. ΑΡΣΗΝ (Arsinoé).
16. ΒΡΝΗΚ (Bérénice).
17. ΚΛΟΠΤΡ (Cléopâtre).
18. ΑΠΛΟΝΗΣ (Apollonius).
19. ΑΝΤΗΧΟΣ (Antiochus).
20. ΑΝΤΗΚΝΣ (Antigone).

Noms et signes hiéroglyphiques.

21. Signe idéographique du *genre féminin*.
22. ΠΤΟΛΜΗΣ (Ptolémée) *toujours vivant*, *chéri de Phtha*. (Inscription de Rosette).
23. ΠΤΟΛΜΗΣ (Ptolémée) *toujours vivant*, *chéri de Phtha*. (Obélisque de Philæ).
23 bis. ΠΤΟΛΜΗΣ (Ptolémée), *toujours vivant*, *chéri d'Isis*.
24. ΚΛΕΟΠΑΤΡΑ (Cléopâtre). Ce nom est suivi des signes idéographiques du genre féminin; voyez n° 21. Obélisque de Philæ.
25. ΑΛΚΣΛΝΤΡΣ (Alexandre le grand). Édifices de Karnac.
26. ΑΛΚΣΝΡΕΣ (Alexandre le grand). Karnac. La lettre T manque entre le N et le P; cette omission peut venir du sculpteur égyptien même.

27. Caractère hiératique répondant au Σ démotique et hiéroglyphique.

28. ΠΤΟΛΜΗΣ (Ptolémée) ; tiré du texte hiéroglyphique de l'inscription de Rosette.

29. ΠΤΟΛΜΗΣ (Ptolémée), à Dendéra.

30. ΠΤΛΟΜΗΣ (Ptolémée), monolithe de Qous. (Apollinopolis parva.)

31. ΠΤΟΛΜΗΣ (Ptolémée). Le M est exprimé par le nycticorax, espèce de chouette appelée *Mouladj* en langue égyptienne.

32. ΒΡΝΗΚΣ (Bérénice), suivi des marques idéographiques du genre féminin.

33. ΒΡΝΗΚΣ (Bérénice), gravé comme le précédent, sur la porte triomphale du sud, à Karnac.

34. ΚΛΛΠΤΡΑ (Cléopâtre), avec les signes du féminin (voy. n° 21).

35. ΚΛΛΟΠΤΡΑ (Cléopâtre), avec les mêmes signes.

36. ΚΛΕΟΠΑΤΡΑ (Cléopâtre), avec les mêmes signes.

37. ΚΛΟΠΤΡΑ (Cléopâtre). Ce nom est suivi des signes du genre féminin et du titre idéographique *Déesse*, avec une qualification dont les signes sont incomplets.

38 et 39. Groupe hiéroglyphique répondant au mot grec επικαλουμενος et signifiant aussi *surnommé* : il est placé constamment entre les noms et les surnoms des rois Lagides. Voyez les n°s 40, 41 et 42.

40. ΠΤΛΟΜΗΣ (Ptolémée) *surnommé* ΑΡΚΣΝΤΡΣ (Alexandre) *toujours vivant chéri de Phtha.*

41. ΠΤΟΛΜΗΣ (Ptolémée) *qui est surnommé* ΑΡΚΣΝΤΡΣ (Alexandre), *toujours vivant*, *chéri de Phtha.*

42. ΠΤΟΛΜΗΣ (Ptolémée) *surnommé* ΝΗΟΚΗΣΡΣ (nouveau César), *toujours vivant, chéri d'Isis.* Il faut observer que les deux *plumes* ou *feuilles* du surnom et qui expriment le son H, sont placées de manière à être prononcées à la fois et après le N et après le K; on trouvera d'autres exemples de cette disposition de signes particuliers aux systèmes hiéroglyphiques soit phonétique, soit idéographique. (Voyez n° 71.)

43. ΠΤΟΛΜΗΣ-ΚΗΣΛΣ (Ptolémée-César), à Dendéra.

Planche II.

Titres impériaux romains.

44. ΑΟΤΟΚΡΤΡ (Αυτοκρατωρ, l'empereur.)
45. ΑΟΤΚΡΤΡ (idem).
46. ΑΟΤΑΚΡΤΡ (idem).
47. ΑΟΤΚΡΤΡ (l'empereur), *toujours vivant.*
48. ΑΟΤΟΚΛΤΛ (l'empereur); frise de Dendéra.
49. ΑΟΤΟΚΛΤΛ (l'empereur).
50. ΑΟΤΚΡΤΡ (l'empereur); ce cartouche est sculpté sur le bas-relief qui touchait, vers la droite, le zodiaque circulaire de Dendéra.
51. ΚΗΣΛΣ (César); le Λ étant employé pour le Ρ.
51 a, b, c, d, e, f. Différents exemples de la manière dont le mot Καισαρ, ou plutôt son génitif Καισαρος, est écrit en lettres hiéroglyphiques. Voici la lecture de ces groupes dans le même ordre ΚΗΣΡΣ, ΚΗΣΛΣ, ΚΗΣΡΣ, ΚΗΣΡΣ, ΚΣΡΣ, ΚΗΣΡ.
52. ΚΗΣΡ ΑΤ (pour Καισαρ αυτοκρατωρ) *l'empereur César toujours vivant, chéri d'Isis.*
53. ΚΗΣΡΣ (César), *toujours vivant, chéri d'Isis.*
54. ΚΗΣΛΣ (César), *toujours vivant, chéri d'Isis.*
55. ΚΗΣΡΣ (César), *toujours vivant, chéri d'Isis.*
56. ΑΟΤΟΚΡΤΛ ΚΗΣΡΣ (l'empereur César).
57. ΑΟΤΟΚΡΤΟΡ ΚΕΣΡΣ (l'empereur César). Le Σ final est ici exprimé par une syrinx ou flûte à Pan, instrument nommé CHBI (*sébi*) en langue égyptienne.
58. ΑΟΤΚΡΤΡ ΚΗΣΡ (l'empereur César).
59. ΑΟΤΟΚΡΤΟΡ ΚΣΡΣ (l'empereur César).
60. ΑΟΤΟΚΡΤΡ ΚΗΣΡΣ (l'empereur César).
60 bis. ΑΟΤΚΡΤΡ ΚΗΣΡΣ (l'empereur César).

} à Dendéra (nos 58 à 60 bis)

L'empereur Auguste.

61. ΑΟΤΚΡΤΡ-ΚΗΣΡΣ (l'empereur-César), *toujours vivant, chéri d'Isis.* Cartouches accolés.

Tibère.

62. ΑΟΤΚΡΤΡ-ΤΒΑΗΣ ΚΗΣΡΣ (l'empereur Tibère César), *toujours vivant.*

63. ΑΟΤΟΚΡΤΡ-ΤΒΔΗΣ ΚΗΣΡΣ (l'empereur Tibère César), *toujours vivant.*

63 a. ΑΟΤΟΚΡΤΡ-ΤΒΔΗΣ (ΚΗΣΡ) (l'empereur Tibère César) *toujours vivant, chéri d'Isis.*

64. ΑΟΤΟΚΡΤΡ-ΤΒΡΗΣ ΚΗΣΡΣ (l'empereur Tibère César), *toujours vivant.*

Planche III.

Domitien.

65. ΑΟΤΚΡΤΡ (l'empereur), *toujours vivant,* ΤΟΜΤΗΝΣ ΣΒΣΤΣ (Domitien-Auguste).

66. ΑΟΤΟΚΡΤΟΡ ΚΗΣΡΣ-ΤΟΜΤΗΝΣ (l'empereur César-Domitien), *surnommé* ΚΡΜΝΗΚΣ (Germanicus).

67. ΤΟΜΤΗΝΣ (Domitien) *surnommé* ΚΡΜΝΗΚΣ (Germanicus).

68. ΤΟΜΗΤΝΣ (Domitien) *toujours vivant* ΚΡΜΗΝΚΣ (Germanicus).

68 a. Groupe qui, comme le groupe idéographique n° 38, se place entre les noms et les surnoms des souverains. Voyez les nos 66, 67, 74; 78.

68 b. ΑΟΤΟΚΡΤΡ ΚΗΣΡΣ (l'empereur César), *toujours vivant* ΤΟΜΤΗΝΣ (Domitien), *surnommé* ΚΡΜΝΗΚΣ (Germanicus).

69. ΚΗΣΡΣ ΤΜΗΤΙΗΝΣ (César Domitien), *toujours vivant.* Obélisque Pamphile.

70. ΑΟΤΚΡΤΑ (l'empereur), *enfant du soleil, souverain des couronnes* ΚΗΣΡΣ ΤΜΗΤΕΝΣ ΣΒΣΤΣ (César Domitien-Auguste). Obélisque Pamphile.

70 bis. Cette légende hiéroglyphique pure, sculptée sur l'obélisque Pamphile, et qui contient le cartouche renfermant le nom de Vespasien, père de Domitien, se retrouve, à l'exception du nom propre Impérial, dans la dixième ligne du texte hiéroglyphique de l'inscription de Rosette. Elle signifie : *lequel a reçu la royauté venant de* ΟΥΣΠΣΗΝΣ (Vespasien) *son père.*

Trajan.

71. ΑΟΤΟΚΡΤΡ ΚΗΣΡΣ-ΝΡΟΑ ΤΡΗΝΣ ΣΒΣΤΣ (l'empereur César-Nerva-Trajan-Auguste), *toujours vivant.*

72. ΤΡΗΝΣ ΚΗΣΡ (Trajan-César), *toujours vivant.*

72 a. ΤΡΗΝΣ ΚΗΣΡΣ (Trajan-César), *toujours vivant.*

72 b. ΑΟΤΟΚΡΤΡ ΚΗΣΡΣ (l'empereur César); titres de Trajan dans divers bas-reliefs.

72 c. ΤΒΡΕΣ ΚΡΟΤΗΣ ΚΗΣΡΣ.... - ΚΑΜΝΗΚΣ ΑΟΤΚΡΤΟΡ (*Tiberius-Claudius-Cæsar..... Germanicus autocrator*). Ces deux cartouches sculptés sur le portique d'Esné, contiennent les titres et les noms de l'empereur Claude. D'autres légendes de ce même empereur, gravées sur les monuments de Dendéra, montrent le nom de *Claude* plus régulièrement écrit ΚΛΟΤΗΣ; on le trouve aussi orthographié ΚΡΤΙΗΣ. Quant aux trois hiéroglyphes qui terminent le premier cartouche, ils pourraient exprimer idéographiquement le titre *Auguste*.

73. ΑΟΤΟΚΡΤΡ ΚΗΣΡΣ-ΤΡΗΝΣ ΣΒΣΤΣ (l'empereur César-Trajan-Auguste), *toujours vivant, chéri d'Isis.*

74. ΑΟΤΟΚΡΤΡ ΚΗΣ ΝΔΟΑ...ΤΡΗΝΣ (l'empereur-César-Nerva-Trajan) *surnommé* ΚΡΜΝΗΚΣ ΤΗΚΚΣ (Germanicus Dacicus).

75. ΝΡΟα ΤΡΗΝΣ (Nerva-Trajan) *toujours-vivant.* Cartouche central de la frise de l'entre-colonnement de l'édifice de l'Est à Philæ. Les serpents qui flanquent et soutiennent cette espèce d'écusson, sont des *Uréus*, ou serpents royaux.

75. *a.* ΣΒΣΤΣ (Auguste) *toujours-vivant, chéri d'Isis*; titres qui accompagnent le cartouche n° 75.

75. *b. c.* Autres manières d'écrire le titre ΣΒΣΤΣ (Auguste) en hiéroglyphes phonétiques.

Hadrien.

76. ΑΤΡΗΝΣ ΚΣΡ (Hadrien-César), de l'obélisque Barbérini. Le premier caractère peut représenter la syllabe aspirée *Ha* ou simplement la voyelle A. Un autre nom phonétique où ce caractère reparaîtrait, peut seul décider la question.

L'impératrice Sabine.

80. Cette légende en hiéroglyphes purs, et renfermant deux cartouches phonétiques, est tirée de l'obélisque Barbérini et signifie : *Pareillement son épouse grandement chérie* ΣΑΒΗΝΑ (Sabine), *déesse vivante*, *forte* (ou *victorieuse*), ΣΒΣΤΗ (Auguste), *déesse toujours vivante.*

Antonin.

78. ΑΟΤΟΚΡΤΟΡ ΚΗΣΡΣ ΑΝΤΟΝΗΝΣ (l'empereur Cesar-Antonin), *surnommé toujours-vivant.*

79. ΑΤΟΝΗΝΣ, avec un surnom idéographique. On a omis le premier N.

Planche IV.

Cette planche a été divisée en trois colonnes.

La 1re contient les lettres de l'alphabet grec;

La 2e, les caractères *démotiques* qui, dans l'écriture égyptienne populaire, étaient destinés à représenter les sons des mots et des noms étrangers;

La 3e enfin, les divers signes *hiéroglyphiques* qui forment l'alphabet phonétique.

Tous les signes hiéroglyphiques ou démotiques qui répondeut aux *consonnes* de l'alphabet grec, prennent une valeur véritablemant syllabiqne, lorsqu'ils sont combinés entr'eux sans mélange d'autres signes de *voyelle.* C'est ainsi, par exemple, que le nom phonétique de Bérénice renfermé dans le cartouche n° 32, devrait se lire et se transcrire Βε-Ρε-ΝΙ-Κε-Σ. Le signe phonétique des articulations B, P, N, ainsi que ceux des autres consonnes Γ, Δ. Λ, M, N. Π. Σ, T, etc., représentent, dans ces occasions très-ordinaires, les syllabes Βε, Γε, Δε, Κε, Λε, Με, Νε, Πε. Ρε, Σε, Τε, etc. On a dû remarquer en effet que presque toujours, les Égyptiens n'écrivaient dans les noms phonétiques, que les seules voyelles longues ainsi que les diphthongues. Les voyelles brèves comprises dans le corps des mots, ne sont presque jamais exprimées, parce que le signe de la consonne les emporte en lui-même et devient, par cela même, un caractère syllabique.

Les signes des voyelles A H E I s'emploient assez indifféremment l'un pour l'autre.

Quant aux signes hiéroglyphiques de la voyelle Υ et des consonnes Ζ, Ψ, aucun des noms propres phonétiques analysés jusques ici, n'a pu nous les faire connaître.

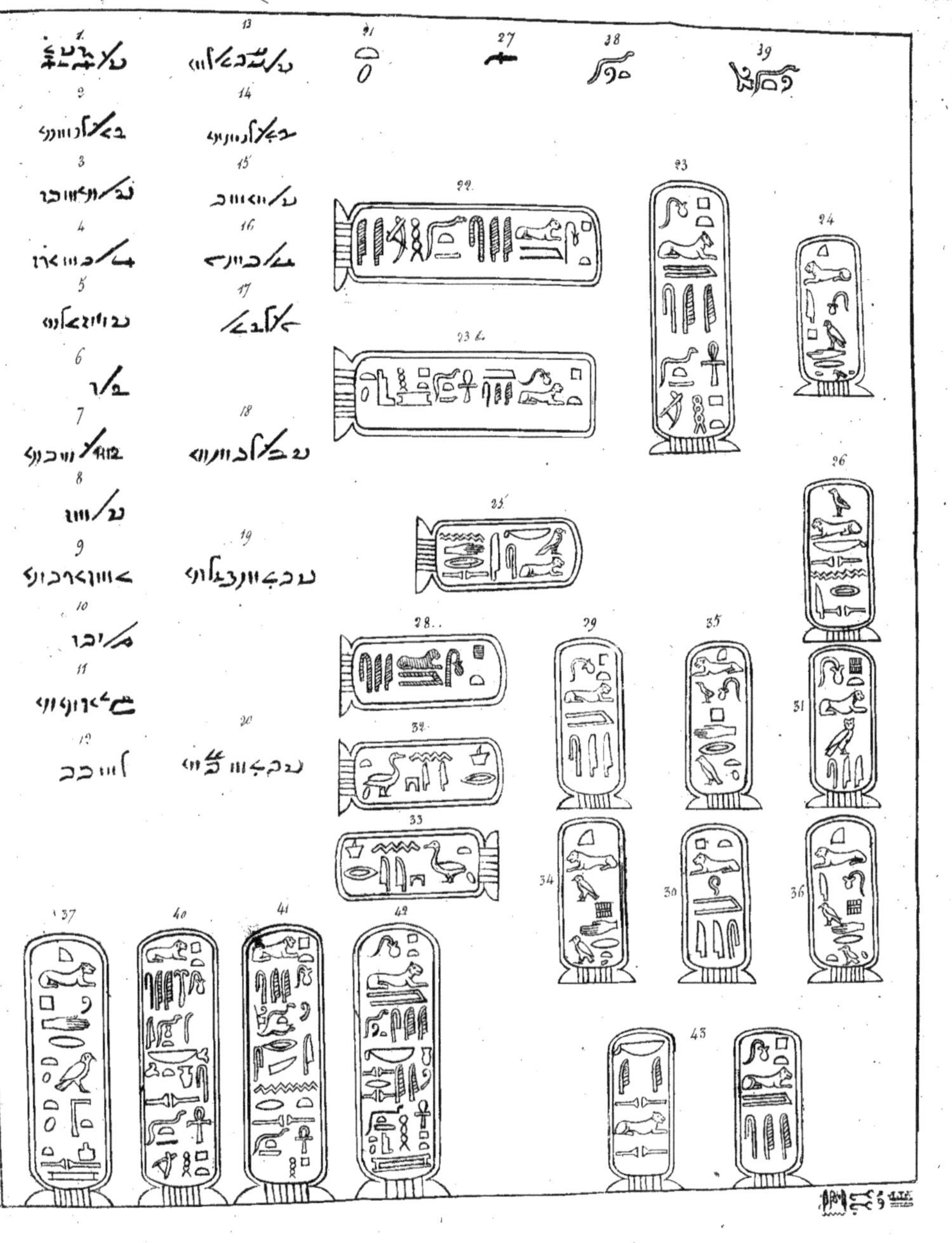

Tableau des Signes Phonétiques
des Écritures hiéroglyphique et Démotique des anciens Égyptiens

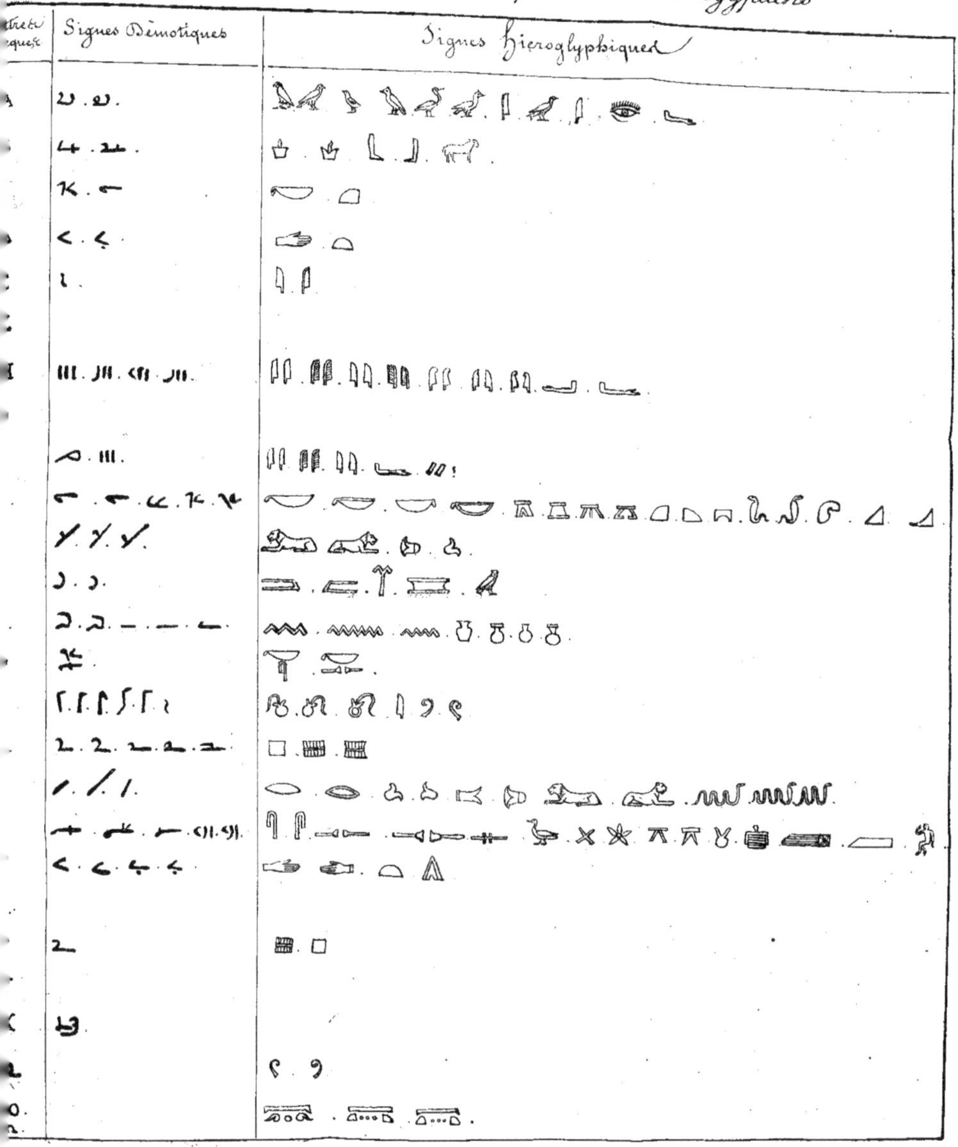

[Le]ttre[s] [Gr]ecques	Signes Démotiques	Signes hiéroglyphiques

Litho de Bernard, rue des fossés St Bernard, N° 17.

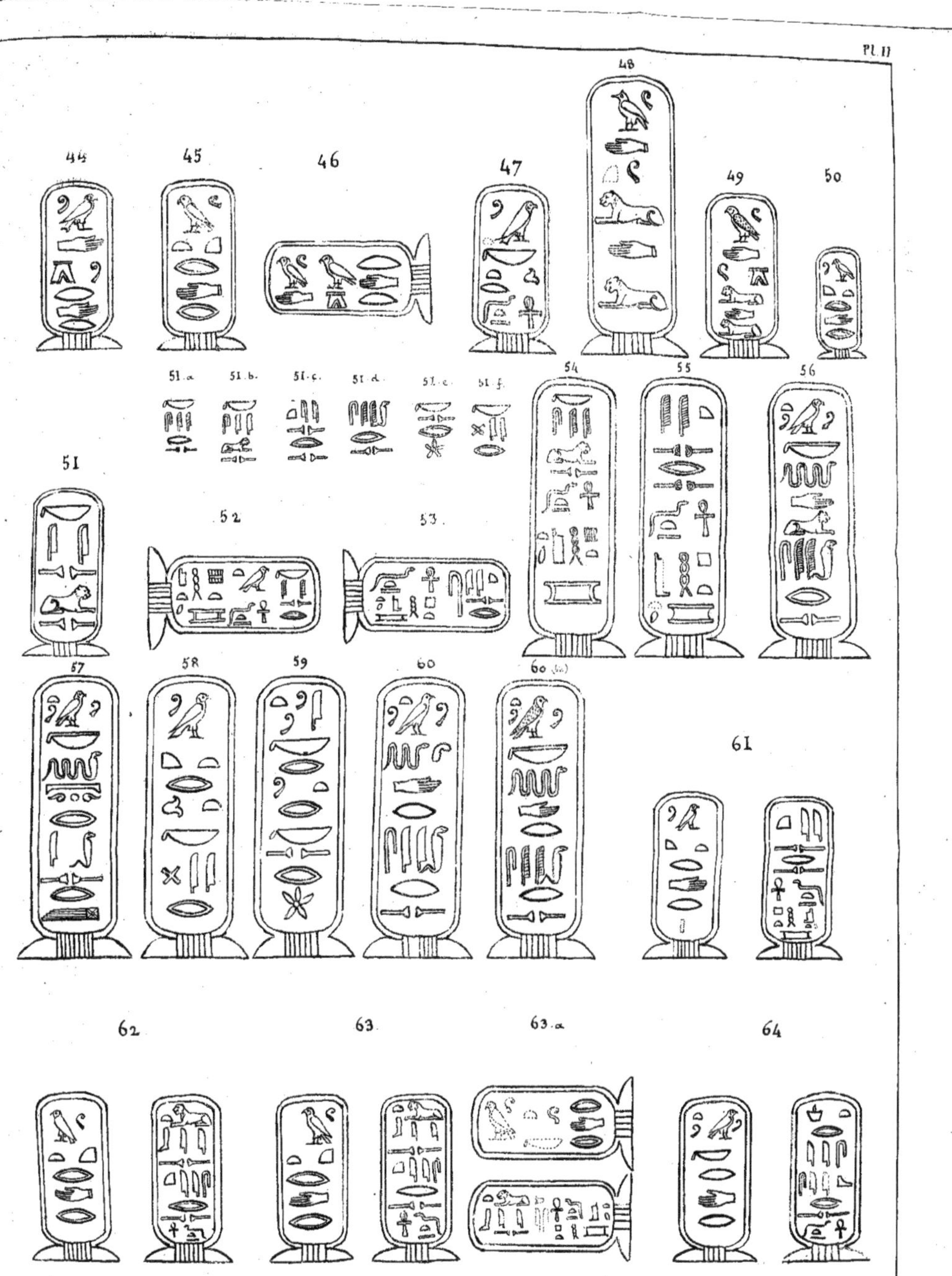
Pl. II
44
45
46
47
48
49
50
51.a
51.b.
51.c.
51.d.
51.e.
51.f.
51
52
53
54
55
56
57
58
59
60
60 (bis)
61
62
63
63.a
64

Pl. III
65
66
67
68
68.a.
68.b.
69
a.
70
b.
70 bis
71
72
72 a.
72 b
72 c.
73
74
77.
A
B
75
75 a.
75. b.
75 c.
76
78
79

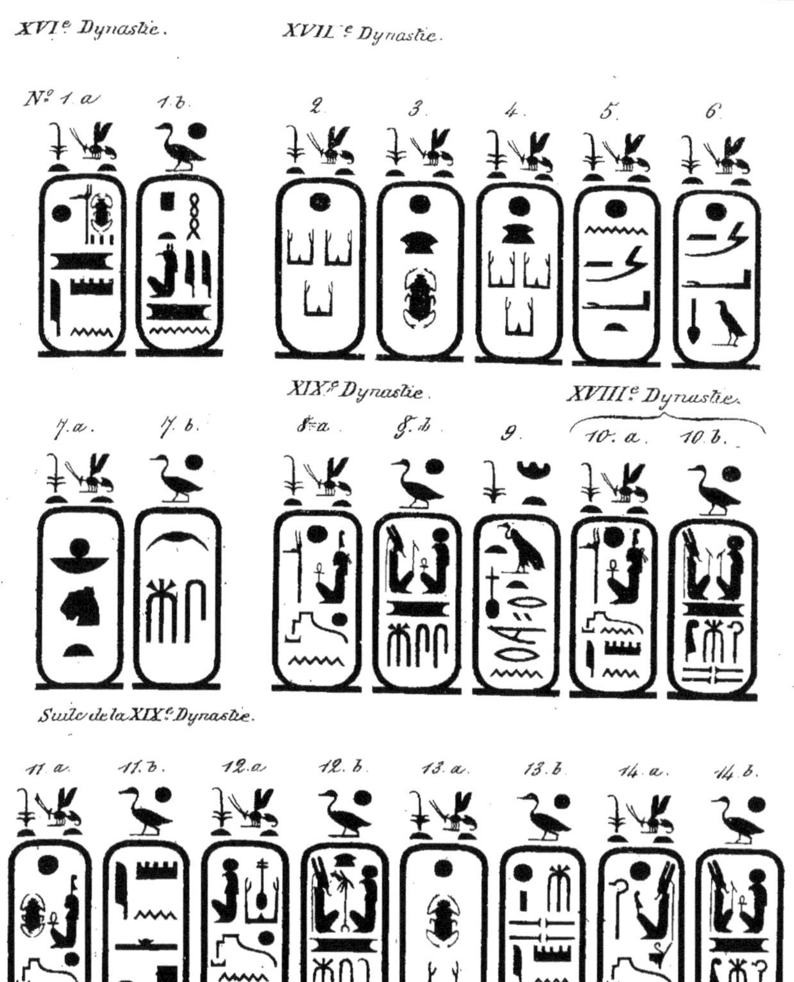
XVI.e Dynastie.
XVII.e Dynastie.
N.o 1. a. 1. b. 2. 3. 4. 5. 6.
XIX.e Dynastie.
XVIII.e Dynastie.
7. a. 7. b. 8. a. 8. b. 9. 10. a. 10. b.
Suite de la XIX.e Dynastie.
11. a. 11. b. 12. a. 12. b. 13. a. 13. b. 14. a. 14. b.

XXe Dynastie.

Pl: V.

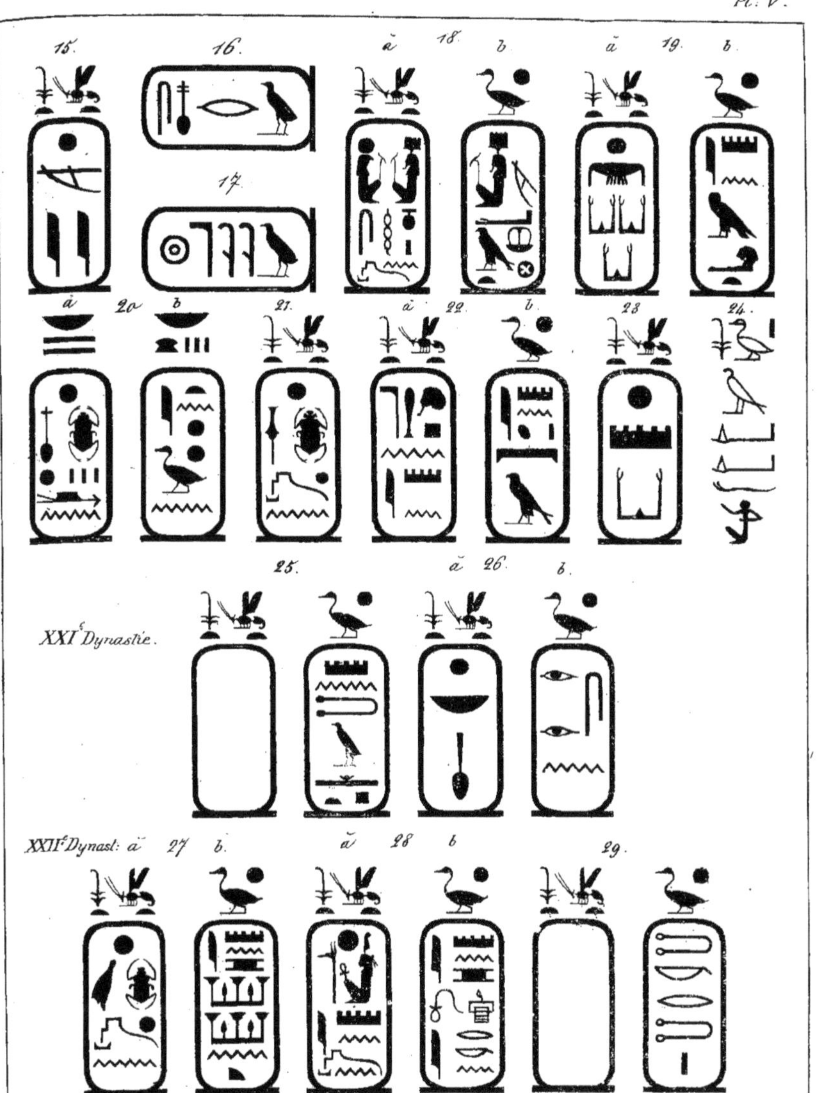

Pl. VI.

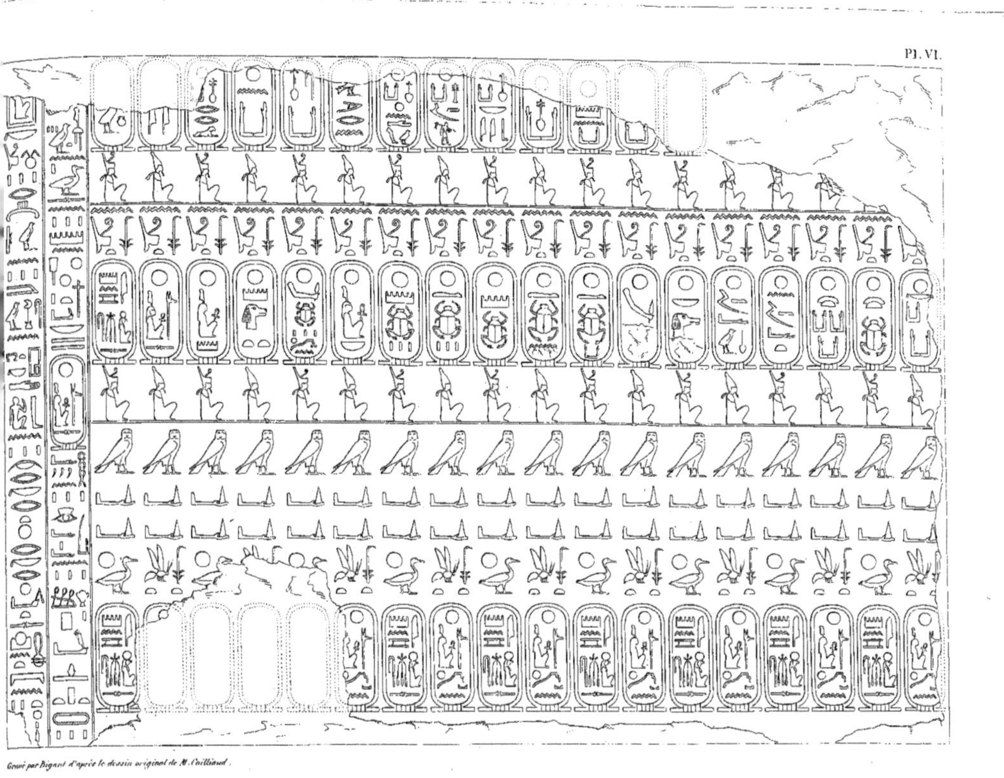

Gravé par Bignot d'après le dessin original de M. Cailliaud.

TABLE GÉNÉALOGIQUE, D'UN TEMPLE D'EL-HARABA

l'ancien Abydos

XVIIe Dynastie.

N° 1.

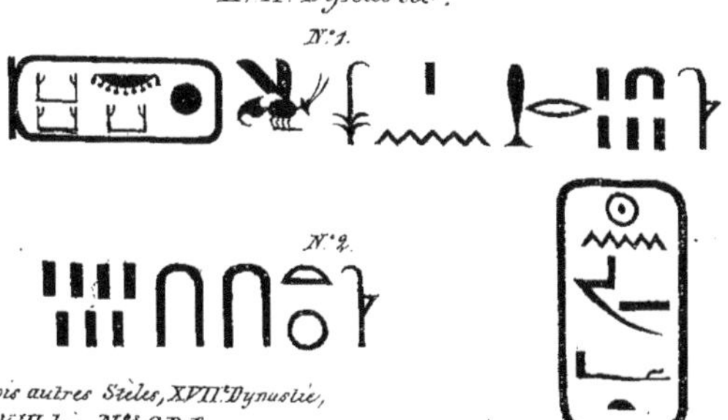

N° 2.

Voir trois autres Stèles, XVIIe Dynastie, à la Pl. VIII bis, N°s C, D, E.

N° 3.

XVIIIe Dynastie

N° 4.

4-a

4-b

XVII.e Dynastie.

Stèle N.o A, voyez à la Planche VIII, N.o 1.
Stèle N.o B, voyez à la Planche VIII, N.o 2.

N.o C.

N.o D.

N.o E.

XVIII.e Dynastie.

N.o F.

N.o G.

N.o H.

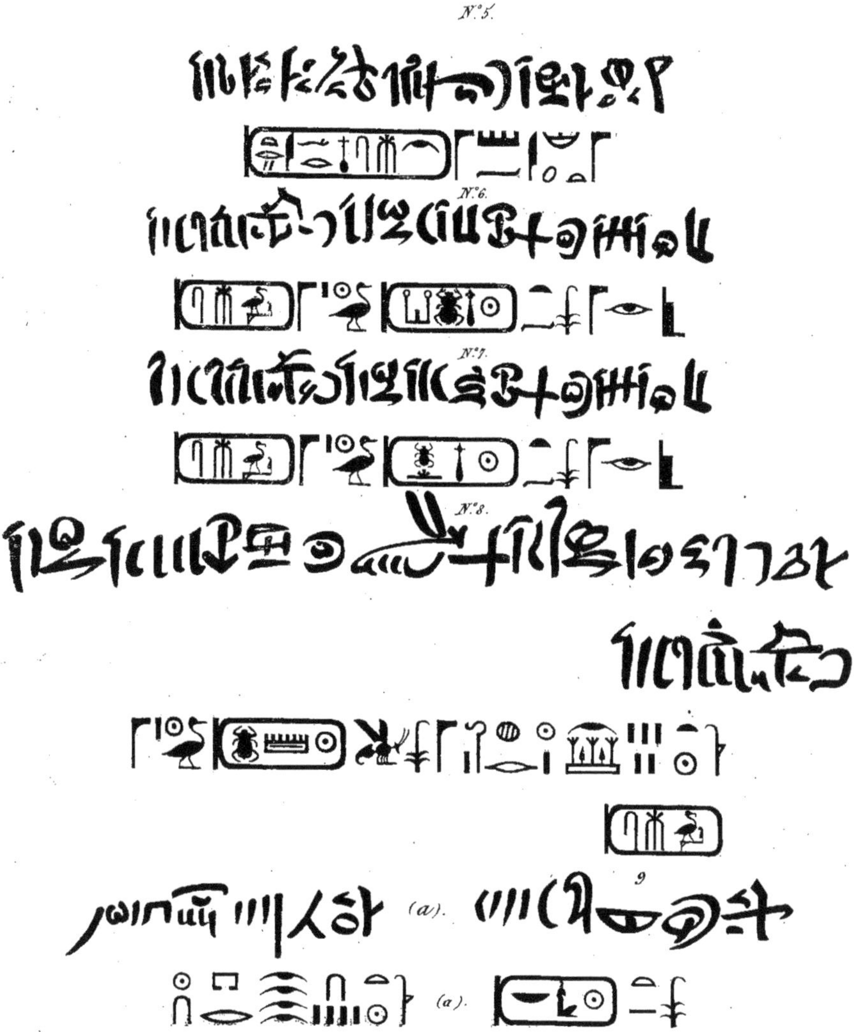

N.° 5.

N.° 6.

N.° 7.

N.° 8.

9

(a).

(a).

N.° 10.

N.° 11.

N.° 12.

Pl. XI

N.° 13

N.° 14

N.° 14 (A)

Pl. XII.

XIXe dynastie

Nº 15.

Nº 16.

Nº 17.

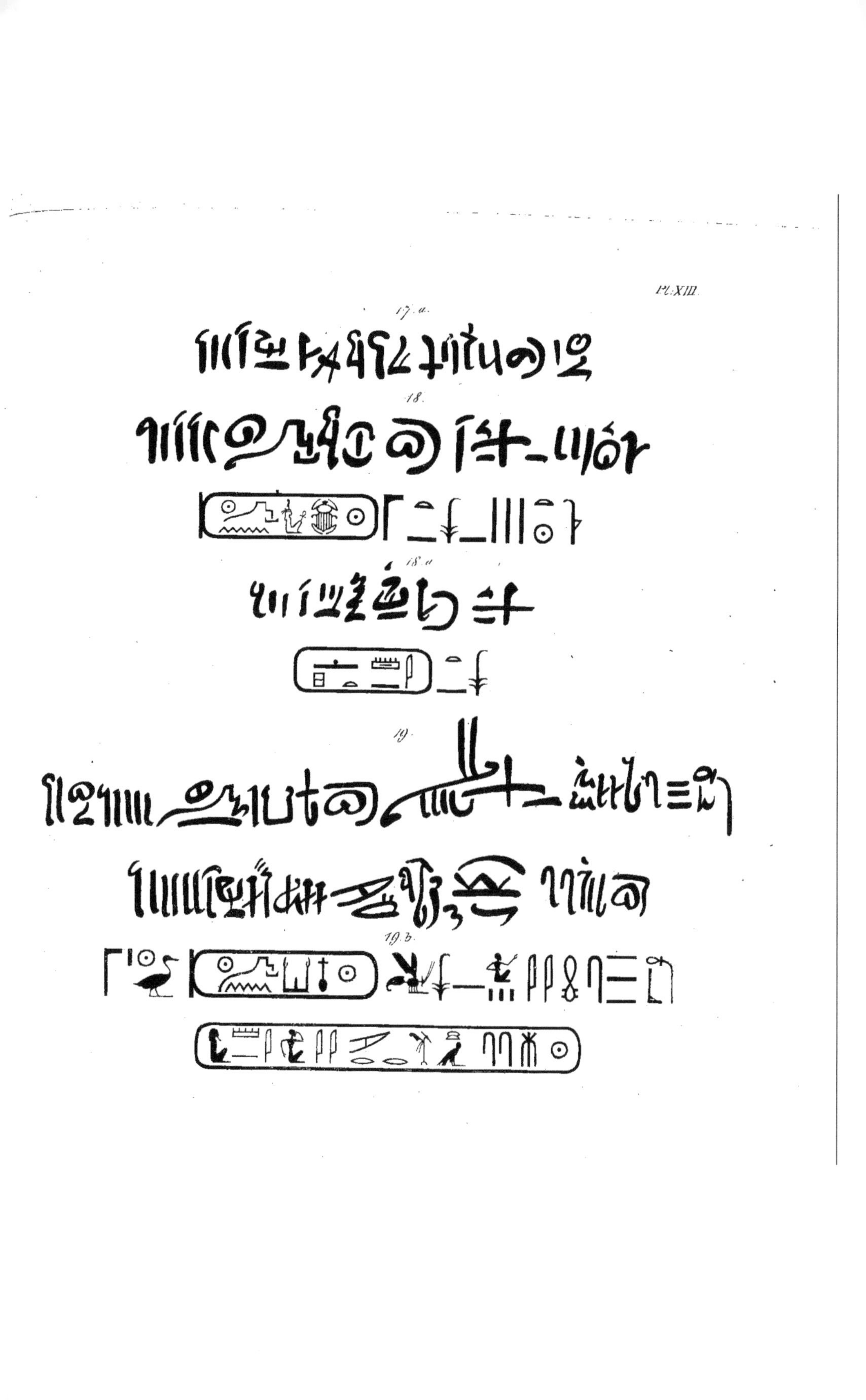

17. a.

18.

18. a.

19.

19. b.

N.° 20.

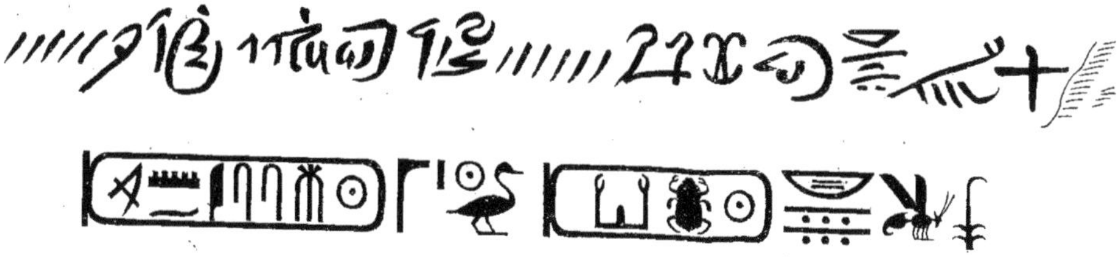

N.° 21.

N° 22.

1

2

3

4

6. 5

N° 23.

N° 23 (bis).

A

www.ingramcontent.com/pod-product-compliance
Ingram Content Group UK Ltd.
Pitfield, Milton Keynes, MK11 3LW, UK
UKHW012054240726
13965UKWH00003B/1287